Nikolaus B. Enkelmann

Rhetorik Klassik

Nikolaus B. Enkelmann

Rhetorik Klassik

Die Kunst zu überzeugen

Mit einem Vorwort von Prof. Dr. Lothar J. Seiwert

GABAL

Die Deutsche Bibliothek – CIP-Einheitsaufnahme

Enkelmann, Nikolaus B.:
Rhetorik Klassik : die Kunst zu überzeugen / Nikolaus B. Enkelmann.
Mit einem Vorw. von Lothar J. Seiwert. – Offenbach : GABAL, 1999
ISBN 3-89749-021-8

Redaktion: Birgit Rupprecht-Stroell, München
Lektorat: Ute Flockenhaus, Fischerhude (b. Bremen)
Umschlaggestaltung: image team, Bremen
Satz und Layout: Rüdiger Mohrdieck, Hamburg
Druck und Verarbeitung: rgg Druck- und Verlagshaus, Braunschweig

Verlagsinformationen:
Jünger Service, Schumannstr. 161, 63069 Offenbach
Tel.: 069 / 84 00 03-22 (-0) Fax: 069 / 84 00 03-33

Inhaltsverzeichnis

Vorwort
Zeit und Rhetorik

Hat *Rhetorik* etwas mit *Zeit* zu tun? Auf den ersten Blick wenig. Auf den zweiten Blick schon mehr, denn sowohl der Begriff „Rhetorik“ als auch das Wort „Zeit“ haben ihren Ursprung in der Antike.

Sokrates, Aristoteles, Demosthenes und *Cicero* sind Klassiker, die im Zusammenhang mit *Rhetorik* einen festen Platz in der Geschichte haben – und deren Lehren heute ebenso gültig sind wie damals.

Chronos und *Kairos* sind die beiden griechischen Götter der *Zeit,* die uns ein differenziertes Verständnis von Zeit vermittelt haben: Chronos war der Gott des quantitativen Zeitmaßes und der Pünktlichkeit, Kairos hingegen der Gott des richtigen Augenblicks, der günstigen Gelegenheit, des qualitativen Erlebens von Zeit.

Beide ungleichen Götter der Zeit sind für eine gute *Rhetorik* wichtig. Zum einen brauchen Sie ein gutes Timing, denn nichts ist schlimmer, als zu lange zu reden – darum seien Sie immer mit *Chronos* im Bunde. Zum anderen brauchen Sie die situative Kompetenz, die Schlagfertigkeit, um sofort richtig zu reagieren – und da hilft Ihnen *Kairos.* Timing und Schlagfertigkeit gehören zum Repertoire eines Redekünstlers. Kunst kommt von „können“ – wie Sie ein rhetorischer Könner werden, zeigt Ihnen dieses Buch von *Nikolaus B. Enkelmann.*

Ihnen *Nikolaus B. Enkelmann* vorstellen zu wollen, hieße Eulen nach Athen zu tragen. Er ist ein begnadeter Könner und bekannter Redekünstler, der „Grandseigneur unter den Erfolgstrainern“ (Focus), der für Sie, liebe Leserin, lieber Leser, seine Schatztruhe *„Rhetorik Klassik“,* gefüllt mit jahrzehntelanger Erfahrung, erstmals in Buchform öffnet.

Sprechen als Rede-„Kunst" zu begreifen und zu erlernen umfasst einen wesentlichen Bestandteil dieses Buches. Rhetorik bedeutet vor allem, dass *Sie* etwas zu sagen haben und Ihren „Stand-Punkt" vertreten. „Worte sind wie Schall und Rauch, wenn hinter den Worten nicht eine Persönlichkeit steht", so *Nikolaus B. Enkelmann.*

„*Rhetorik Klassik*" möchte, dass Sie Ihre Vorgesetzten, Ihre Mitarbeiter und im privaten Bereich Ihre Freunde und Bekannten mit Ihrer Person und mit Ihren Worten überzeugen. Manipulation ist längst out! Wirkliche Redekunst heißt, im partnerschaftlichen Sinne zu motivieren.

Ist Ihnen nicht auch schon aufgefallen, wie selten eine *gute Rede* geworden ist? Nicht jeder Mensch hat von Kindes Beinen an die Kunst des geschliffenen Vortrags erlernt. Wie auch beim Umgang mit Zeit können Sie jedoch an sich arbeiten und von den Besten lernen.

Fangen Sie *heute* an! *Nikolaus B. Enkelmann* hat in diesem Buch viele Hilfen und Schritte auf dem Weg zur rhetorischen Meisterschaft niedergeschrieben. Picken Sie sich diejenigen Kapitel heraus, von denen Sie glauben, dass sie zu Ihnen und Ihrer Persönlichkeit passen – und rekapitulieren Sie diese Passagen immer wieder. Das 14. Grundgesetz der Lebensentfaltung von *Enkelmann* endet mit der Aufforderung: „*Wiederholung führt zur Meisterschaft.*" Wiederholen und üben Sie Ihre Redekunst mit Hilfe dieses Rhetorik-Arbeitsbuches immer wieder. Dabei wünsche ich Ihnen die allerbesten Erfolge.

Bedenken Sie: Das beste Training für eine gute Rede *ist* eine gute Rede.

Ihr Prof. Dr. *Lothar J. Seiwert*
Heidelberg, *www.seiwert.de*
Autor der Bestseller „Das neue 1x1 des Zeitmanagement" und „Wenn Du es eilig hast, gehe langsam"

Kapitel 1 Vom Sprechen zur Redekunst

Unser Umgang mit Sprache lässt häufig zu wünschen übrig

Reden können wir doch alle – so denken die meisten Menschen. Und was dabei herauskommt, erleben wir jeden Tag: Ärger, Missverständnisse, Verlust von Aufträgen, aber auch Verlust an Ansehen und Respekt. Woran liegt das? Die Ursache für solche Probleme ist darin begründet, dass wir nicht gerade sorgfältig mit den Worten umgehen, oft nur etwas sagen wollen, ohne überhaupt auf unseren Gesprächspartner, seine Stimmung, seine Wünsche und sein Anliegen Rücksicht zu nehmen. So kommt es, dass wir – im wahrsten Sinn des Wortes – aneinander vorbeireden. Ihre Worte erreichen nicht Ihr Gegenüber; Ihr Gesprächspartner erreicht aber auch Sie nicht. Es kommt zu keiner wirklichen Begegnung, zu keinem Dialog, zu keinem tieferen Verständnis. Jeder hält nur Monologe.

Wer sprechen kann, kann sich durchsetzen

Was den Menschen zum Menschen macht, ist die Sprache, denn wer sprechen kann, kann sich durchsetzen, kann andere überzeugen, kann sich – wenn nötig – auch verteidigen. Dann sind Gespräche ein echter Austausch von Gedanken und Meinungen und können etwas bewirken.

Rhetorik und Erfolg

Was macht Menschen erfolgreich? Ohne gute rhetorische Fähigkeiten geht gar nichts. Was nützt die tollste Idee, wenn Sie diese niemandem vermitteln können? Was haben Sie von den tiefsten Gefühlen für den geliebten Partner, wenn Sie Ihre Gefühle nicht äußern können? Wie wollen Sie Mitarbeiter für gemeinsame Ziele begeistern, wenn Sie sie nicht mit Ihren Worten erreichen können? Wie soll Ihr Assistent eine Arbeit zu Ihrer Zufriedenheit ausführen, wenn Sie nicht in der Lage sind, ihm die Aufgabe exakt zu erläutern? Sie sehen, ohne Rhetorik ist Erfolg – ob privat oder beruflich – nicht möglich.

Was ist Rhetorik?

Die Lehre von der Wirkung des Menschen

Das Wort kommt aus dem Griechischen und bezeichnete die Kunst des Redens. Ich möchte das noch präzisieren: Für mich ist Rhetorik die *Lehre von der Wirkung des Menschen.* Gekonnt zu reden heißt positiv auf den Gesprächspartner einzuwirken, ihn durch die richtigen Worte zu motivieren. Zum gekonnten Reden gehört es, den Gesprächspartner zu akzeptieren und zu verstehen – so zu sprechen, dass auch er Sie verstehen kann. Dann können Sie wirklich zu einem Konsens kommen, schaffen eine Atmosphäre des Vertrauens und des gegenseitigen Respekts – die Basis für Verständnis und Erfolg. Nicht andere Menschen verbal zu unterdrücken, sondern sie zu *überzeugen* ist das Ziel. Dazu gehört nicht nur, gute Argumente in überzeugende Worte zu verpacken, sondern dazu gehört auch eine *Persönlichkeit,* die das ausstrahlt, was sie sagt, die in der Lage ist, Ideen zu vermitteln, Vorstellungen durchzusetzen, Wissen weiterzugeben, zu motivieren, zu begeistern, Gefühle zu erwecken.

Rhetorik ist die Lehre von der Wirkung des Menschen.

Wie bei jeder Kunst gehört auch zur Rhetorik eine gewaltige Portion Technik und – viel, viel Übung. Dieses Buch soll Ihnen helfen, Ihre rhetorischen Fähigkeiten auszubauen und Ihr Leben noch erfolgreicher und erfüllter zu machen.

Machen Sie sich Ihre Ziele bewusst

Damit Sie so viel wie möglich von diesem Buch profitieren, sollten Sie sich folgende Fragen stellen und beantworten:

1. Was will ich erreichen – beruflich und privat?
2. Wobei kann mir dieses Buch helfen?

Ihre Antworten könnten folgendermaßen lauten:

1. Ich will …
   … erfolgreicher im Beruf werden, möchte den Posten des Abteilungsleiters (das bessere Verkaufsgebiet, Prokura) bekommen …
   … eine bessere Verteilung der Aufgaben im Privatleben, mehr Freizeit und mehr Harmonie in der Familie …
2. Durch die Arbeit mit dem Buch kann ich lernen …
   … meine Ansichten besser durchzusetzen, meine Ziele überzeugend darzustellen,
   … meine Mitarbeiter zu motivieren, mich zu profilieren und meine Erfahrung und mein Wissen eindrucksvoller zu vermitteln…
   … meine Wünsche meinem Partner verständlich zu machen, meine Familie/Freunde richtig zu verstehen und eine höhere Lebensqualität zu erreichen …

Die eigenen Ziele niemals aus den Augen verlieren

Nun schreiben Sie Ihre Antworten – sortiert nach Prioritäten – auf ein Blatt Papier, das Sie gut aufbewahren. Am besten legen Sie es in das Buch, so dass Sie sich immer wieder an Ihre Ziele erinnern. Durch das Aufschreiben wird Ihnen viel eher bewusst, was Sie wollen, und Ihre Erkenntnisse prägen sich nachhaltiger in Ihr Gedächtnis ein. Sollten sich während der Lektüre andere Ziele herauskristallisieren, dann notieren Sie diese ebenfalls. Es ist unglaublich wichtig, seine Ziele niemals aus den Augen zu verlieren, sich immer wieder zu fragen: Bin ich noch auf dem richtigen Weg oder habe ich – vielleicht ohne es zu merken – eine andere Richtung eingeschlagen? Ist mir mein Ziel heute noch so wichtig wie damals, als ich es gesetzt habe? Vielleicht hat sich Ihre Situation verändert, Sie haben die Firma gewechselt, sind umgezogen oder haben geheiratet. Dadurch kann es leicht zu einer Verschiebung oder Veränderung der Ziele oder Prioritäten kommen. Am besten überprüfen Sie Ihre Zielvorstellung regelmäßig alle drei Monate (siehe auch Kapitel 2).

1.1 Beispiele erfolgreicher Menschen von der Antike bis heute

Rhetorik im antiken Griechenland

Die Sprache ist so alt wie die Menschheit. Sie hat sich aus unartikulierten Lauten im Laufe der Jahrtausende zu einer Kunst der geschliffenen, überzeugenden Rede – der Rhetorik – entwickelt. Berühmt wurde diese Kunst vor allem im alten Griechenland. Viele Grundsätze der antiken Rhetorik, soweit sie uns überliefert wurden, haben bis heute uneingeschränkt Gültigkeit und bilden die Basis für eine brillante Redetechnik in der heutigen Zeit.

Die Begründer der Rhetorik

Als Begründer der Rhetorik werden *Teisias von Syracus* und *Korax* – beide aus Sizilien stammend und im 5. Jahrhundert in Griechenland lebend – angesehen. Damals standen die Reden vor Gericht hoch im Kurs, wurden gepflegt, geschliffen und vor großem Publikum regelrecht zelebriert. Auch Begräbnisreden für berühmte Männer, die sich verdient gemacht hatten, fanden immer mehr Beachtung und mit kämpferischen Worten wurden die Truppen gegen den Feind aufgehetzt. Rhetorik war Teil des öffentlichen Lebens und wurde als eine Technik des Überredens und Überzeugens betrachtet.

Platon

Einer der größten Kritiker dieser Redekunst war *Platon* (427–347 v. Chr.). Für ihn sollte die Rhetorik der Wahrheitsfindung vorbehalten bleiben und statt öffentlichen Zwecken der Philosophie verpflichtet sein. Für Platon stand der dialektische Dialog im Mittelpunkt seiner Philosophie. Durch Fragen und Antworten könnte die Wahrheit gefunden und Gerechtigkeit praktiziert werden.

Aristoteles

Sein Schüler *Aristoteles* (384–322 v. Chr.), der 343 v. Chr. die Erziehung des jungen Alexander des Großen übernahm, erarbeitete eine Theorie, basierend auf einer Verbindung von Philosophie und Praxis. Einerseits könne mit Hilfe der Rhetorik die Urteilsfähigkeit geweckt, andererseits die Zustimmung der Zuhörer für eine Sache gewonnen werden. Seine Abhandlung über die Redekunst ist bis heute für die Kommunikationswissenschaft wie für die Linguistik von Bedeutung. Aristoteles unterscheidet drei Redegattungen:

- die *beratende Rede,* die die Zuhörer durch Abwägen von Vor- und Nachteilen von einem Beschluss überzeugen will;

- die *Lob- und Festrede,* die eine Person oder Handlung als vorbildlich herausstellt;
- die *Gerichtsrede,* bei der Gerechtigkeit oder Ungerechtigkeit aufgezeigt werden soll.

Seine Forderungen an eine gute Redekunst sind heute fast noch ebenso aktuell wie einst im klassischen Athen:

1. Glaubwürdigkeit und Charakterstärke des Redners
2. Überzeugende Argumente
3. Logische Beweisführung
4. Wirkung auf die Psyche beim Zuhörer
5. Erzeugung von Emotionen
6. Guter Stil (Klarheit, Gefälligkeit, Originalität)

Die Rede hatte bei ihm vier Teile:

1. Einleitung
2. Feststellung des Themas
3. Beweisführung
4. Schluss

Demosthenes

Nicht vergessen werden darf *Demosthenes* (383–322 v. Chr.), der zu einem der bekanntesten griechischen Redner wurde. Der 383 v. Chr. als Sohn eines Waffenschmiedes geborene Demosthenes wurde zum Sprecher der Griechen. Obwohl er berühmte Redner wie Platon, Aristoteles und Isäos hörte, ein bekanntes Meisterwerk über Rhetorik sogar achtmal abgeschrieben haben soll und zugunsten seiner rhetorischen Ambitionen sogar auf den Sport – seinerzeit eine äußerst wichtige Betätigung – verzichtete, waren seine ersten öffentlichen Redeversuche mittlere Katastrophen. Demosthenes litt an einem Sprachfehler, beherrschte die Atemtechnik nicht richtig, seine Stimme hatte keine Ausdruckskraft und seine Körpersprache – damals hieß es Gebärdenspiel – war mehr als schwach. Durch einen Freund, der ihm seinen farb- und glanzlosen Vortrag ungeschönt vor Augen hielt, wurde ihm schlagartig bewusst, worauf es bei einer Rede ankommt: Das Wichtigste ist der Vortrag selbst, die Technik der Rede. Nachdem er diese Erkenntnis gewonnen hatte, widmete er sich mit ausgeprägtem Ehrgeiz und Fleiß der Redetechnik. Keine Belastung schien ihm zu schwer, um sein Ziel – ein überzeugender Redner zu werden – zu erreichen. Er wurde bekannt dafür, dass er zur Kräftigung seiner Stimme gegen das Rauschen der Meeresbrandung schrie, zur Verbesserung der Atmung Berge bestieg, ein Schwert auf seine nackten Schultern legte, um sich das Schulterzucken abzugewöhnen, und sich auf den Boden legte, eine Brust mit Bleiplatten beschwerte, um so die einseitige Brustatmung zu erlernen. Auch soll er Olivenöl in die Nase gegeben haben, in der Annahme, dass die hinter der Nase liegenden Räume im Zusammenhang mit der Stimme liegen müssten.

Die Redekunst ist keine angeborene Fähigkeit

Wenn vielleicht auch nicht alle Überlieferungen ganz der Wahrheit entsprechen, so sind sie doch von großer Bedeutung für uns: Wir sehen daran, dass Reden nicht eine angeborene Kunst ist, sondern *von jedem erworben werden kann, wenn er es wirklich will.* Wenn Demosthenes trotz all seiner Handicaps zu einem der bekanntesten und besten Redner in der Geschichte werden konnten, dann können auch Sie Ihre rhetorischen Fähigkeiten steigern. Und glauben Sie mir, meine Methode ist bei weitem nicht so dramatisch und dennoch ebenso erfolgreich!

Im Alter von 25 Jahren – nachdem er seine autodidaktische rhetorische Erziehung beendet hatte – hielt

Demosthenes erneut eine Rede in der Öffentlichkeit und hatte großen Erfolg. Seine philippinischen Reden (gerichtet gegen König Philipp) dienen noch heute in den Gymnasien als Unterrichtsstoff. Seine dritte Rede löste in Hellas eine Welle nationaler Leidenschaft aus. König Philipp, gegen den diese Rede gerichtet war, soll gesagt haben: „Ich glaube, wenn ich diese Rede mit angehört hätte, dann hätte ich vielleicht selber gegen mich gestimmt." Wenn das nicht ein Beispiel exzellenter Rhetorik war! Einige Jahre später wurde Demosthenes mit dem goldenen Kranz geehrt.

Aischines

Berühmt ist auch die Rede von *Aischines*, einem ehemaligen Schauspieler und Meister der Sprechkunst, der im Jahre 330 v. Chr. eine Klage gegen Demosthenes – im Namen der makedonischen Partei in Athen – vorbrachte. Diese Anklagerede galt im Altertum als eine der „drei Grazien unter den Reden". Doch die Antwort von Demosthenes übertraf diese noch und wird als die vollendetste Rede überhaupt gewertet; er erhielt die öffentliche Anerkennung, dass er sich für das Vaterland verdient gemacht habe. Aischines hingegen musste Athen verlassen und gründete auf Rhodos eine Rednerschule. Von Demosthenes sind einundsechzig Reden erhalten. Er war ein glänzender Redner und eine herausragende Persönlichkeit.

Weitergehende Forderungen an gute Redekunst

Die Abhandlung über die Redekunst von Aristoteles wurde im Lauf der Zeit erweitert und verändert. *Theophrast* stellte weitere Forderungen an einen guten Redner, wie *Angemessenheit, Deutlichkeit, Richtigkeit der Sprache* sowie eine *schmuckvolle Rede.* Eine sinnvolle Ergänzung war die Forderung der *Stoiker* nach einer angemessenen *Kürze der Rede.*

**„Was mühen wir uns um andere Künste doch,
wir Sterblichen,
und lernen sie, wie jeder es verlangt;
und die Beredsamkeit,
die einzige Beherrscherin der Menschen,
bis zur Vollendung zu erlernen,
streben wir mit so geringem Fleiß;
und doch ist sie's, durch die der Menschen Wille wird gelenkt."**

Euripides

Römische Rhetorik

Etwas später als bei den Griechen gewann die Rhetorik bei den *Römern* an Bedeutung, nämlich im 2. Jahrhundert v. Chr. Griechische Redner hatten in Rom Akademien für Rhetorik eröffnet. Der erste Name, der hier erwähnt werden muss, ist *Cicero*. Dieser hatte die griechischen Fachausdrücke der Rhetorik ins Lateinische übersetzt – Begriffe, die sich bis heute erhalten haben. Irrtümlicherweise wurde er als Verfasser des ältesten lateinisch geschriebenen Lehrbuchs der Rhetorik „Rhetorica ad Herrenium" bezeichnet, das jedoch von einem unbekannten Autor (um 85 v. Chr.) geschrieben wurde.

Cicero

Cicero – der römische Demosthenes – wurde 106 v. Chr. in Arpinum geboren und durchlief eine ausgezeichnete Erziehung, zu der auch Rhetorik sowie griechische Philosophie gehörte. Er war ausgesprochen wissensdurstig, übte nicht nur die Rede, sondern entwarf Reden und hörte den bekanntesten Rednern zu. Sogar später, als er Prätor war, studierte er noch einmal Rhetorik bei dem Gallier Gnipho, der auch Cäsar und Pompejus unterrichtete. Bei seinem ersten Auftritt als Redner – er war 25 Jahre alt – erhielt er viel Beifall. Großen Erfolg erzielte er mit seiner Rede gegen Verres, angeklagt wegen Korruption. Es sind fünf Reden gegen Verres erhalten, jedoch nicht in der Form, in der sie tatsächlich gehalten wurden. Cicero pflegte seine Reden schriftlich auszuarbeiten. Sein Sklave musste die Rede, so wie sie gehalten wurde, in einer Art Kurzschrift mitschreiben, dann redigierte Cicero den Text noch einmal und in dieser letzten Form sind die Reden bis heute erhalten. Oftmals ergaben sich große Diskrepanzen zwischen der geplanten und der tatsächlichen Rede. Dieses Verfahren wurde übrigens von vielen Rednern in dieser Zeit angewandt. Seine catilinarischen Reden (gerichtet gegen seinen Mitbewerber für das Amt des Prätors) gelten als Höhepunkt seiner rhetorischen Fähigkeiten. Cicero, von dem 57 Reden, über 800 Briefe und etliche Schriften erhalten sind, war ein genialer Redner, ein wahrer Redekünstler, wenn auch als Mensch eher zwiespältig und als Politiker opportunistisch.

Der Wert von Beredsamkeit

Das bekannteste Buch über die Rhetorik stammt von dem aus Spanien stammenden Römer *Quintilian* und wurde im 1. Jahrhundert n. Chr. verfasst. Sein Leitspruch lautete: „Nur der Redner ist der wahre Mensch.“ Nach seiner Meinung ist die Beredsamkeit die wichtigste Wissenschaft. Die Rede teilte er in fünf Abschnitte ein:

1. Einleitung
2. Erzählen des Tatbestandes
3. Beweisführung
4. Widerlegung
5. Schluss

W-Fragen als Gerüst für eine gute Rede

Zusammenfassend kann man sagen, dass als Gerüst für eine Rede folgende Fragen gelten können: *Wer? – Was? – Wo? – Womit? – Wie? – Wann? – Warum?*

Gliederung einer Rede

Das antike Aufteilungsschema, das auch für die moderne Zeit seine Gültigkeit bewahrt hat, sieht wie folgt aus:

1. Einleitung:
   Warum spreche ich? Welchen Anlass habe ich?

2. Hauptteil:
   – Gegenwärtige Situation (kurzer Blick in die Vergangenheit, Auseinandersetzung mit der Gegenwart)
   – Verbesserung der augenblicklichen Situation
   – Praktische Vorschläge für eine positive Veränderung (Zielvorgabe)

3. Schluss
   Aufforderung an den Zuhörer, aktiv zu handeln, um das gemeinsame Ziel zu erreichen.

„Viba vox docet“ heißt ein lateinisches Sprichwort: Das freie Wort lehrt.

Vom Mittelalter bis ins 19. Jahrhundert

Im Mittelalter gewann die Interpretation von Schriften zunehmende Bedeutung, wobei die Bibel zweifellos die zentrale Rolle einnahm. Große Redner gab es zu dieser Zeit unter den Priestern und Pfarrern, die den Gläubigen ins Gewissen redeten. Aber auch die Lobpreisung des Herrn wurde in einprägsamen und rührseligen Worten der Gemeinde vermittelt. In den Klosterschulen wurde Rhetorik gelehrt und bis ins 19. Jahrhundert konnte durch die „Schulrede“ sowohl Ehre, aber auch Befreiung von Strafen erreicht werden. Und wie hätte man Menschen zu Kreuzzügen animieren können ohne mitreißende Worte? Aber auch dem Schreiben geschliffener Briefe wurde große Aufmerksamkeit gewidmet. Im 15. Jahrhundert wird Rhetorik auch im deutschen Sprachraum immer wichtiger, sowohl im privaten Bereich wie auch in der Politik. Zahlreiche hervorragende Redner gab es denn auch im 18. und 19. Jahrhundert, wie zum

Beispiel *Schiller, Goethe* und *Bismarck. George Bernhard Shaw* besuchte im Alter von achtzig Jahren einen Rhetorikkurs, um seine Aussprache und seine Stimme zu verbessern – weil er erkannte, wie wichtig die Kunst des richtigen Sprechens ist.

Im 20. Jahrhundert ist Rhetorik wichtiger denn je

Im 20. Jahrhundert geht nichts mehr ohne die Rhetorik. Denken wir nur an das Radio, das ausschließlich vom gesprochenen Wort lebt. Stellen Sie sich die Werbung vor – ohne Worte! Aber auch im Geschäftsleben hat die Rhetorik anerkanntermaßen einen hohen Stellenwert. Nicht viel zu reden zählt, sondern das Richtige im richtigen Augenblick in der richtigen Art und Weise mit einer charismatischen Persönlichkeit vorzutragen – darauf kommt es an, wenn man Erfolg haben will. Nicht unerwähnt lassen möchte ich den Schauspieler *F. M. Alexander*, der durch Probleme mit seiner Stimme zu einer zur damaligen Zeit verblüffenden Erkenntnis kam: Durch eine fehlerhafte Ausrichtung seiner Stimmbänder zur Wirbelsäule und zu den Schultern entstanden Spannungen, die sich auf seine Stimme auswirkten. Er entwickelte eine eigene Methode, um sich unbewusste Vorgänge bewusst zu machen und dadurch nicht nur die Stimme zu verbessern, sondern eine bessere Haltung zu erlangen. Nicht zuletzt bezeugt die Vielzahl an Büchern, Seminaren und Audiokassetten zu diesem Thema, wie aktuell die Kunst der Rede heute ist.

Übung

In der Gegenwart angekommen möchte ich Sie bitten, sich drei Persönlichkeiten ins Gedächtnis zu rufen, die Sie als besonders erfolgreich ansehen. Worauf begründet sich der Erfolg dieser Menschen? Was beeindruckt Sie persönlich an diesen Menschen? Welche Bedeutung hat die Kommunikationsfähigkeit am Erfolg dieser Menschen? Notieren Sie Ihre Antworten.

____

____

____

____

____

____

Vorbildliche Reden

Besonders lehrreich ist es, wenn Sie sich einmal die Reden bekannter Politiker, Wissenschaftler und Manager konzentriert anhören oder diese nachlesen. Eine herausragende Rede möchte ich Ihnen im Folgenden exemplarisch aufzeigen. Es ist die Rede von *Martin Luther King,* dem 1968 ermordeten Pfarrer aus Atlanta, die er anlässlich des Marsches nach Washington hielt und in der er seine Vision von einem friedlichen und gleichberechtigten Zusammenleben von Schwarz und Weiß so eindrucksvoll zum Ausdruck bringt.

„Ich freue mich, heute mit euch zusammen an einem Ereignis teilnehmen zu können, das als die größte Demonstration für die Freiheit in der Geschichte unserer Nation eingehen wird. Vor hundert Jahren unterzeichnete ein großer Amerikaner, in dessen Schatten wir heute symbolisch stehen, die Proklamation zur Sklavenbefreiung (Emancipation Proclamation; 22. 9. 1862). Dieser bedeutsame Erlass war ein großes Leuchtfeuer der Hoffnung für Millionen von Negersklaven, die von den Flammen vernichtender Ungerechtigkeit gebrandmarkt wurden. Er kam wie ein freudiger Tagesanbruch nach der langen Nacht

ihrer Gefangenschaft. Aber hundert Jahre später ist der Neger immer noch nicht frei. Hundert Jahre später ist das Leben des Negers immer noch geknebelt durch die Fesseln der Rassentrennung und die Ketten der Diskriminierung. Hundert Jahre später lebt der Neger auf einer einsamen Insel der Armut inmitten eines riesigen Ozeans materiellen Reichtums. Hundert Jahre später schmachtet der Neger immer noch am Rande der amerikanischen Gesellschaft und befindet sich im Exil im eigenen Land. Deshalb sind wir heute hierher gekommen, um eine schändliche Situation zu dramatisieren (…)
Aber wir weigern uns zu glauben, dass die Bank der Gerechtigkeit bankrott ist. Wir weigern uns zu glauben, dass es nicht genügend Gelder in den großen Stahlkammern der Gelegenheiten in diesem Land gibt. So sind wir gekommen, um diesen Scheck einzulösen, einen Scheck, der uns auf Verlangen die Reichtümer der Freiheit und die Sicherheit der Gerechtigkeit geben wird (…)
Wir müssen unseren Kampf stets auf der hohen Ebene der Würde und Disziplin führen. Wir dürfen unseren schöpferischen Protest nicht zu physischer Gewalt herabsinken lassen. Immer wieder müssen wir uns zu jener majestätischen Höhe erheben, auf der wir physischer Gewalt mit der Kraft der Seele entgegentreten. Der wunderbare, neue kämpferische Geist, der die Gemeinschaft der Neger erfasst hat, darf uns nicht verleiten, allen Weißen zu misstrauen. Denn viele unserer weißen Brüder – das beweist ihre Anwesenheit heute – sind zu der Einsicht gekommen, dass ihre Zukunft mit der unseren untrennbar verbunden ist. Sie sind zu der Einsicht gekommen, dass ihre Freiheit mit unserer Freiheit untrennbar verbunden ist. Wir können nicht allein marschieren. Und wenn wir marschieren, müssen wir uns verpflichten, stets weiter zu marschieren. Wir können nicht umkehren (…)

Heute sage ich euch, meine Freunde, trotz der Schwierigkeiten von heute und morgen habe ich einen Traum. Es ist ein Traum, der tief verwurzelt ist im amerikanischen Traum. Ich habe einen Traum, dass eines Tages diese Nation sich erheben wird und der wahren Bedeutung ihres Credos gemäß leben wird: ‚Wir halten diese Wahrheit für selbstverständlich: dass alle Menschen gleich erschaffen sind.' Ich habe einen Traum, dass eines Tages auf den roten Hügeln von Georgia die Söhne ehemaliger Sklaven und die Söhne ehemaliger Sklavenhalter miteinander am Tisch der Brüderlichkeit sitzen können. Ich habe einen Traum, dass sich eines Tages selbst der Staat Mississippi, ein Staat, der in der Glut der Ungerechtigkeit und Unterdrückung verschmachtet, in eine Oase der Freiheit und Gerechtigkeit verwandeln wird. Ich habe einen Traum, dass meine vier kleinen Kinder eines Tages in einer Nation leben werden, in der man sie nicht nach ihrer Hautfarbe, sondern nach ihrem Charakter beurteilt. (…) Ich habe einen Traum, dass eines Tages in Alabama, mit seinen bösartigen Rassisten, mit einem Gouverneur, von dessen Lippen Worte wie ‚Intervention' und ‚Annulierung der Rassenintegration' triefen (…), dass eines Tages genau dort in Alabama kleine schwarze Jungen und Mädchen sich die Hände schütteln als Brüder und Schwestern mit kleinen weißen Jungen und Mädchen. Ich habe heute einen Traum (…), dass eines Tages jedes Tal erhöht und jeder Hügel und Berg erniedrigt wird. Die rauhen Orte werden geglättet und die unebenen Orte werden begradigt werden. (…)
Aber nicht nur das, lasst die Freiheit erschallen vom Stone Mountain in Georgia. Lasst die Freiheit erschallen vom Lookout Mountain in Tennessee. Lasst die Freiheit erschallen von jedem Hügel und Maulwurfshügel Mississippis, von jeder Erhebung. Lasst die Freiheit erschallen!
Wenn wir die Freiheit erschallen lassen – wenn wir sie erschallen lassen von jeder Stadt und jedem Weiler, von

jedem Staat und jeder Großstadt, dann werden wir den Tag schneller herbeiführen, an dem alle Kinder Gottes – schwarze und weiße Menschen, Juden und Heiden, Protestanten und Katholiken – sich die Hände reichen und die Worte des alten Negro Spiritual singen können: ‚Endlich frei! Endlich frei! Großer allmächtiger Gott, wir sind endlich frei!'"

Übung

Lesen Sie diesen Text zuerst in aller Ruhe. Dann lesen Sie die Rede laut und mit Überzeugung. Stellen Sie sich vor, Sie wären Martin Luther King! Markieren Sie Sprechpausen mit einem Bleistift, unterstreichen Sie Worte, die Sie betonen mit einem farbigen Stift. Ich schlage Ihnen vor, dass Sie – wenn Sie dieses Buch durchgearbeitet haben – diesen Text noch einmal laut lesen. Ideal ist es, wenn Sie beide Versionen auf Band sprechen und dann einen Vorher-Nachher-Vergleich anstellen.

1.2 Mit Redekunst führen

Große Feldherren waren auch gute Redner, denn wie sonst hätten sie ihre Soldaten motivieren und mitreißen können? Um Menschen zu führen und zu überzeugen, bedienen wir uns der Worte. Je besser wir dies beherrschen, desto erfolgreicher werden wir sein und desto größer wird unsere Wirkung auf andere Menschen sein. Doch nicht unser Verstand entscheidet, wie wir wirken. Vielmehr sind es unser Innenleben, unsere inneren Gedanken, die in großem Maße bestimmen, wie unser Leben verläuft. Deswegen ist es unabdingbar, dass wir verstehen, wie diese inneren Prozesse funktionieren und ablaufen.

Das Gehirn

Das Gehirn ist trainierbar

Das menschliche Gehirn ist dafür verantwortlich, dass unser Körper funktioniert. Es ist ein Wunderwerk mit über zehn Milliarden Neuronen und zwei Dutzend Neutrotransmittern. Drei Trillionen Informationen sind im Gehirn gespeichert! Jeder Eindruck, den wir mit unseren Sinnen wahrnehmen, wird im Gehirn aufgezeichnet und in Verbindung gebracht mit korrespondierenden vorhandenen Informationen. Je öfter wir den gleichen Gedanken denken, desto schneller funktioniert dieses System. Das ist auch der Grund, warum beispielsweise ein Mathematiker blitzschnell rechnen kann – sein Gehirn ist für diese Fähigkeit besser trainiert als dies zum Beispiel bei einem Religionslehrer der Fall ist. Vergleichen könnte man diesen Prozess mit unserem Straßennetz: Die viel befahrenen Straßen werden immer besser ausgebaut und ermöglichen so eine schnellere Verbindung.

Das Bewusstsein bestimmt das Sein

So hat jeder Mensch im Laufe seines Lebens seine eigenen Gedankenverbindungen ausgebaut, hat seine individuellen Gedankenmuster geschaffen, die sein Leben bestimmen. Hat sich jemand eine positive Denkweise angeeignet, dann bestimmt diese sein Handeln – und das geschieht ganz unbewusst. Erfolg, Gesundheit, Lebensfreude – alles wird über den Kopf gesteuert, das gilt natürlich auch für Misserfolg, Krankheit und Lustlosigkeit. Denken bestimmt unser Leben und die Denkzentrale – das Gehirn – ist auch verantwortlich für alle Körperfunktionen. Sind wir schlecht gelaunt, dann fühlen wir uns auch körperlich nicht topfit. Und wie kommt es, dass jemand, der sich gedanklich sehr viel mit Krankheiten befasst, häufiger krank ist als jemand, für den dies kein Thema ist? Im Gehirn wird entschieden, wie wir unsere Realität sehen, wie wir agieren und reagieren, wie wir das Leben angehen.

Der Dominanz der linken Gehirnhälfte entgegenwirken

Eine große Rolle spielen die beiden Gehirnhälften. Wir wissen seit etwa dreißig Jahren, dass in der rechten Hälfte das räumlich-visuelle Denken, Kreativität, Intuition, Chaos, das Gefühl für Farben, Mehrdimensionalität, Angst angesiedelt sind. Die linke Gehirnhälfte ist Sitz des Gedächtnisses, des Sprachzentrums, der sozialen Einstellung. Vereinfacht ausgedrückt, entsteht das logische Denken in der linken Hälfte, hier wird kritisiert, abgelehnt, sachlich gerechnet, die Emotionen sind in der rechten Hälfte zu Hause, hier entsteht das Wohlgefühl, die Zustimmung, das Ja. Dieses Wissen ist ungemein wichtig, denn wir können durch unser Verhalten, durch unsere Worte beeinflussen, welche Seite des Gehirns aktiviert wird. Emotionen bestimmen das Leben. Ein Mensch, dessen gefühlsmäßiger Bereich angesprochen wird, reagiert anders als jemand, der nur mit Fakten versorgt wird. Die Schöpfung hat alles perfekt angelegt: Optimal ist es, wenn beide Gehirnhälften zusammenarbeiten. Durch unsere Art und Weise, miteinander umzugehen, schalten wir aber sehr häufig nur die linke, also die rationale Seite ein. Die Folge ist, dass Ablehnung und Kritik überwiegen und positive Veränderungen von vornherein abgelehnt werden. Wenn Sie intelligent mit Menschen umgehen möchten, dann sollten Sie immer die rechte Gehirnhälfte ansprechen. Gelernt haben wir in der Schule und auf der Uni vorwiegend unsere linke Seite zu benutzen – durch stures Einpauken. Auf der Strecke geblieben sind die sozialen Komponenten, das Gefühl, mit Menschen richtig umzugehen, sie richtig anzusprechen, sie zu fördern und sich auf die weiche Art durchzusetzen.

Einfühlungsvermögen statt Fakten

Wie kann man nun die rechte Seite aktivieren? Indem Sie das Gefühl ansprechen und nicht den Verstand. Kommen Sie nicht mit Beweisen, mit Daten und Fakten – überzeugen Sie mit Einfühlungsvermögen!

Über das Gehirn könnte man Bücher schreiben. Ich will mich nur auf ein paar Informationen beschränken – der besseren Verständlichkeit wegen. Es kommt nicht nur auf die Verbindungen an, sondern auch auf die energetische Struktur, auf das Verhältnis der einzelnen Gehirnareale zueinander. Denn sie bestimmt die emotionale Verfassung des Menschen.

„Gedächtnis heißt das Tagebuch, welches wir immer mit uns herumtragen."

Oscar Wilde

Das Unterbewusstsein

Wir werden viel mehr von unserem Unterbewusstsein geleitet, als wir annehmen. Unser Unterbewusstsein könnte man als die mittlere Ebene bezeichnen, wenn wir davon ausgehen, dass zu etwa jeweils einem Drittel das Bewusstsein (Ich/Verstand), das Unterbewusstsein und das Urwissen bzw. kollektive Bewusstsein das menschliche Wesen ausmachen. Im Urwissen sind die Erfahrungen der gesamten Menschheit seit Urbeginn gespeichert. Jeder von uns verfügt über alles Wissen dieser Welt, jedoch finden nur wenige Menschen Zugang zu dieser Ebene. Eigentlich bräuchten wir gar nichts zu lernen, denn wir haben alles in uns. Wir bräuchten uns nur zu erinnern, aber dazu fehlt uns der Glaube.

Unser Verhalten wird entsprechend innerer Programme gesteuert

Im Gegensatz zum kollektiven Bewusstsein ist in unserem Unterbewusstsein unsere ganz persönliche Erfahrung gespeichert – seit Beginn unserer Existenz: Bereits im Mutterleib werden Eindrücke registriert. Am besten können Sie das Unterbewusstsein mit einem Computer vergleichen. Die Ausgangssituation ist eine leere Festplatte, auf der jede Information, jede Wahrnehmung gespeichert wird. Eine Information ist zwar zunächst wertneutral, doch wir verbinden jede Information mit Gedanken und Gefühlen. Entsprechend wird diese Information dann abgespeichert. Und je mehr Sie in *eine* Richtung denken, desto „geläufiger" wird Ihnen diese Denkrichtung, desto tiefer prägt sich Ihre Denkstruktur ein. Haben Sie eine positive Einstellung, dann werden Sie sehr viel mehr positive Aspekte erkennen können als ein Pessimist, bei dem jede Wahrnehmung sofort in negative Bahnen gelenkt wird. Das Prinzip ist ganz einfach: Jede Information wird gefiltert und zu bereits bestehenden Programmen geleitet und mit den dort vorherrschenden Emotionen verbunden. Entsprechend agieren oder reagieren wir. Nichts ist zufällig, alles ist vorprogrammiert. Gespeicherte Programme laufen ab und steuern unser Verhalten.

Gedanken repräsentieren unsere Denkstrukturen

Auf diese Weise entstehen unsere Gedanken, hat sich unsere Lebenseinstellung entwickelt. Sicherlich haben Kinder, die in einem positiv denkenden Umfeld mit aufbauenden Worten aufwachsen, bessere Voraussetzungen als Kinder, denen man nichts zutraut, die ständig kritisiert werden. Alles prägt sich tief in uns ein und beeinflusst unser Denken und Handeln ganz unbewusst. Gedanken fliegen uns nicht einfach an; Gedanken kommen aus dem Unterbewusstsein und repräsentieren unsere – meist ziemlich festgefahrenen – Denkstrukturen.

Sind Sie eher optimistisch oder pessimistisch?

Wie sieht das bei Ihnen aus? Wie ist Ihr inneres Programm eingestellt? Eher positiv oder eher negativ? Auf Erfolg oder auf Misserfolg? Sind Sie ein Problemlöser oder sind Sie selbst Teil des Problems?

Programmänderung

Negative Denkmuster ändern

Wenn Sie zu der Erkenntnis kommen, dass Sie etwas an Ihrer grundsätzlichen Lebenseinstellung ändern wollen, dann habe ich eine sehr gute Nachricht für Sie: Sie können negative Denkmuster ändern, selbst wenn diese schon über Jahrzehnte hinweg Ihr Leben bestimmt und Sie unglücklich gemacht haben.

Umprogrammierung durch Autosuggestion

Umprogrammierung heißt das Motto. Wie Sie Musik auf einer Kassette mit einem anderen Stück überspielen können, können Sie auch Ihre negativen Programmierungen überspielen. Wir können unsere Erfahrungen, die Gedanken der Vergangenheit nicht auslöschen oder verschwinden lassen, aber wir können das, was uns nicht gefällt und uns nicht dient, verändern. Die beste Methode hierfür ist die *Autosuggestion* – also die Selbstbeeinflussung. Durch gezielte, ständig wiederkehrende suggestive Sätze können Sie Ihre innere Programmierung verändern, indem Sie die alte Software überspielen. Die Worte, die Sie laut sprechen, prägen sich tief in Ihnen ein und bekommen immer mehr Kraft, das heißt, sie beeinflussen immer mehr Ihr Handeln und Ihr Denken. Die alten, negativen Programmierungen verlieren dadurch ihre Wirksamkeit.

Denken ist ein steuerbarer Prozess

Sie bemerken, dass Sie nicht mehr Opfer Ihrer Gedanken sind, wie Sie es vielleicht angenommen haben, sondern dass Denken ein aktiver Prozess ist, den Sie steuern können. Je positiver Sie denken, desto erfolgreicher werden

Sie. Sie lernen sich selbst besser kennen, entdecken vielleicht erst jetzt Ihre Stärken, die Sie weiter verstärken können.

> **„Tadeln ist leicht, deshalb tun es so viele.**
> **Mit Verstand loben, ist schwer."**
> Anselm Feuerbach

Lob und Zutrauen stärkt den Charakter

Viele Eltern glauben auch heute noch, durch harte Kritik ihren Kindern zu helfen. Genau das Gegenteil ist der Fall. Kinder, die gelobt werden, denen man Gutes zutraut, an die die Eltern glauben, werden zu selbstbewussten, sicheren und zielstrebigen Menschen. Kinder, die ständig kritisiert werden, denen man nichts zutraut, die mit Worten, wie „schaffst du sowieso nicht" klein gehalten werden, entwickeln sich zu unsicheren, negativ denkenden Menschen mit Minderwertigkeitskomplexen, zu Erwachsenen, die immer an sich selbst zweifeln und oft von Neid auf Erfolgreiche zerrissen sind. Aber auch eine solche Kindheit ist kein Grund, auf der Schattenseite des Lebens zu stehen. Wer erkennt, nach welchem Prinzip der Mensch „funktioniert", weiß, dass eine Veränderung möglich ist.

Der Verstand

Der Verstand als Erfolgsblockade

Das größte Hindernis für eine Veränderung ist unser Ich, unser Verstand. Der Verstand ist ein *Kontrollorgan.* Er sorgt dafür, dass wir nichts tun, was uns schadet, und er orientiert sich am Bekannten, was zur Folge hat, dass jede Neuerung abgelehnt wird. Achtung: Gefahr – die roten Warnlampen leuchten sofort auf, sobald wir uns in unbekanntes Terrain vorwagen wollen. Wir haben dem Verstand die Herrschaft über unser Leben gegeben, anstatt den Verstand für uns und unsere Ziele einzusetzen, anstatt ihn zu *be-nutzen.* Beginnen wir anders zu denken, dann wittert der Verstand sofort Gefahr und versucht uns zu stoppen. Lassen Sie sich nicht begrenzen, lassen Sie sich nicht behindern und nicht einengen. Sie haben nicht den Verstand verloren, wenn Sie sich für eine positive Veränderung Ihres Lebens entschlossen haben!

Die Autosuggestion

Das Unterbewusstsein tut, was Sie ihm sagen

Tiefenwirksame Worte prägen sich in Ihr Unterbewusstsein ein, überspielen die alten Programmierungen und bekommen immer mehr Kraft durch jede intensive Wiederholung. Das Unterbewusstsein ist ein *Ausführungsorgan,* das tut, was Sie ihm sagen. Das Unterbewusstsein kontrolliert nicht, wertet nicht und entscheidet nicht – es führt nur Ihre Befehle aus. Sie haben den am besten funktionierenden Diener an Ihrer Seite. Warum nutzen Sie ihn nicht ganz bewusst – zu Ihrem Vorteil?

Autosuggestionen laut sprechen

Sie wollen eine strahlende Persönlichkeit werden, auf die man hört, die Menschen führt, die Gefühle ausstrahlt und mit Worten überzeugt? Geben Sie Ihrem Unterbewusstsein diesen Auftrag – und es wird alles daran setzen, Ihren Wunsch zu realisieren. Ich werde Ihnen in diesem Buch einige Autosuggestionen vorstellen, mit denen Sie arbeiten sollten. Lernen Sie die Texte auswendig und sprechen Sie sie täglich mehrmals laut. Die Programmierung Ihres Unterbewusstseins funktioniert über das Hören, nicht über das bloße Denken, wie es in manchen Religionen und Philosophien praktiziert wird.

Sie können auch Ihre Autosuggestion auf Band aufnehmen oder mit meinen Kassetten (siehe Literaturempfehlung, Seite 180) arbeiten. Wenn Sie besprochene Kassetten verwenden, muss Ihnen die Stimme des Sprechers sympathisch sein, sonst errichten Sie (unbewusst) innere Barrieren.

Autosuggestion durch Bilder und Emotionen verstärken

Wenden Sie eine Kassette/Autosuggestion mindestens *sechs Wochen* an, bevor Sie sich einem neuen Thema widmen. Verstärken Sie die Wirkung, indem Sie sich Ihre Ziele bildhaft vorstellen. Versetzen Sie sich in Gedanken in die Situation, die Sie anstreben, dann können Sie Ihre Worte mit den richtigen Emotionen versehen.

Und führen Sie ein *Erfolgstagebuch:* Notieren Sie die Ausgangssituation, Ihre Fortschritte und wann Sie Ihr Ziel erreicht haben.

Der Alpha-Zustand

Alpha- und Beta-Zustand

Wenn Sie in aller Ruhe schöner Musik lauschen, den Sonnenuntergang am Meer genießen oder am Strand vor sich hin träumen, dann befinden Sie sich im Alpha-Zustand. Anders ausgedrückt: Im Alpha-Zustand erreichen Ihre Gehirnwellen eine Frequenz von 7 bis 14 Hertz. Dazu sollte man wissen, dass Gehirnwellen bis zu 35 Hertz erlangen können. Im oberen Bereich, also zwischen 15 und 35 Hertz ist der Mensch nervös, hektisch, gereizt und aufgeregt – er befindet sich im Beta-Zustand. Er trifft keine besonnenen Entscheidungen, kann sich nicht auf das Wesentliche konzentrieren, macht Fehler und ist verunsichert. Also arbeitet er noch schneller, noch hektischer, macht noch mehr Fehler. Festgefahren in diesem negativen Teufelskreis scheint es kein Entrinnen mehr zu geben.

Ruhe, Konzentration, Entspannung

Ganz anders hingegen verhält sich ein Mensch im Alpha-Zustand: Er ist entspannt, was bedeutet, dass seine rechte Gehirnhälfte in Harmonie mit seiner linken Gehirnhälfte kommunizieren kann und deshalb ganzheitliche, also optimale Lösungen erarbeitet werden können. Dieser Mensch ist offen und freundlich, kreativ und tolerant, er ist innerlich frei und sicher. Fragen Sie sich einmal, in welchem Zustand Sie sich im Augenblick befinden? Wie ergeht es Ihnen bei der Arbeit, wenn der Chef ruft, der Kunde die Lieferung moniert, die Sekretärin krank ist? Sicher wären Sie gern öfters im Alpha-Zustand. Wie können Sie das erreichen?

Wege in den Alpha-Zustand

Planen Sie täglich ein paar Minuten ein, um sich bewusst zu entspannen (siehe unten). In die Tiefenentspannung gelangen Sie, indem Sie zu innerer Ruhe finden. Gerade Menschen, die stark unter Stress stehen, suchen häufig Entspannung bei einem Konzert. Dieser Wunsch kommt aus dem Unterbewusstsein: insbesondere klassische Musik wirkt entspannungsfördernd. Sie können sich aber auch – und zwar wann immer Sie wollen – in einen Entspannungszustand versetzen, indem Sie sich einfach in sich selbst vertiefen, alle Gedanken loslassen und sich so richtig wohlfühlen. Welche Entspannungsmethode Sie anwenden wollen, hängt von Ihnen ab. Meditation, Yoga oder progressive Muskelentspannung sind am bekanntesten. In Abwandlung des autogenen Trainings habe ich eine sehr einfach zu praktizierende Methode entwickelt, die ich Ihnen hier vorstelle.

Entspannung nach Nikolaus B. Enkelmann

Setzen oder legen Sie sich bequem hin. Sorgen Sie dafür, dass Sie ungestört sind (Telefon etc.) und Sie sich richtig wohlfühlen. Vielleicht möchten Sie den Raum verdunkeln, entspannende Musik hören. Lösen Sie alles, was Sie beengt, wie Gürtel, Krawatte, Tuch. Atmen Sie nun ganz ruhig und tief. Legen Sie eine Hand auf die Bauchdecke, damit Sie

Ihren Atem spüren. Ihre Bauchdecke sollte sich wölben, wenn Sie einatmen und sich senken, wenn Sie ausatmen. Führen Sie eine richtige Bauchatmung durch.
Schließen Sie nun die Augen. Stellen Sie sich vor, Sie stehen auf einer Treppe. Stellen Sie sich diese Treppe ganz bildlich vor – eine wundervolle, breite Steintreppe, eine herrliche Treppe aus Holz, eine elegante Treppe. Lassen Sie Ihrer Phantasie freien Lauf. Wichtig ist, dass Sie genau diese Treppe jedes Mal für die Entspannung benutzen.
Gehen Sie jetzt ganz langsam die Treppe hinunter, Stufe um Stufe schreiten Sie nach unten. Dabei zählen Sie rückwärts von zehn bis null. Stellen Sie sich dabei vor, dass am unteren Ende der Treppe Ruhe, Harmonie und Kraft auf Sie warten. Sie atmen ruhig und gleichmäßig und mit jedem Atemzug kommen Sie tiefer nach unten, kommen Sie tiefer in die Entspannung. Sie spüren, wie Sie ruhiger und ruhiger werden. Hektik und Nervosität verschwinden, die Belastungen fallen von Ihnen ab. Sie werden freier und ruhiger.
Bei null sind Sie unten angekommen – Sie sind jetzt ruhig und entspannt und fühlen sich unglaublich wohl. Sie sind im Alpha-Zustand, in dem Zustand, in dem Sie Energien aufladen, Kraft sammeln können. In dieser Entspannung haben Sie Zugang zu dem kollektiven Unterbewusstsein und Autosuggestionen oder Suggestionen können eine bessere Wirkung erzielen. Sie sind ganz ruhig, denn Ihr Körper kann jetzt kein Adrenalin produzieren, weder Nervosität oder Hektik noch Angst kann entstehen. Bleiben Sie in diesem angenehmen Gefühl der Harmonie, tanken Sie Kraft, genießen Sie. In Ihnen ist das Wissen, dass Sie sich jederzeit, wann immer Sie das wollen, in diesen angenehmen Zustand versetzen können. Bleiben Sie etwa 20 Minuten in der Tiefenentspannung.
Dann gehen Sie langsam wieder Ihre Treppe nach oben. Diesmal zählen Sie allerdings von null bis zehn. Bei zehn

sind Sie wieder oben angelangt. Strecken und dehnen Sie sich, öffnen Sie die Augen. Sie sind wieder ganz da – im Hier und Jetzt. Aber Sie fühlen sich fit und frisch, spüren Ihre Kraft und eine große Ruhe und Sicherheit in sich.

Die Quicky-Entspannung
Die verkürze Version für die Entspannung zwischen zwei Sitzungen:

Schalten Sie Ihre Gedanken ab, atmen Sie tief (Bauchatmung!), zählen Sie von zehn bis null und gehen Sie dabei die Treppe nach unten. Dort bleiben Sie so lange es Ihre Zeit erlaubt. Tanken Sie bewusst Kraft, finden Sie zur Ruhe und dann gehen Sie die Treppe wieder nach oben und zählen dabei von null bis zehn.

Konditionierung

Profis können sich auf den Alpha-Zustand konditionieren, indem Sie rückwärts von zehn bis null zählen. Sie werden spüren, wie erfrischend es ist, sich in den Alpha-Zustand zu versetzen. Wenn Kollegen nach einem harten Tag erschöpft zum Geschäftsessen erscheinen, sind Sie immer noch – oder schon wieder – topfit! Gehen Sie jeden Tag so oft wie möglich in den Alpha-Zustand. Wenn Sie trainiert sind, dann werden Probleme wie Lampenfieber, Nervosität oder Angst vor einer wichtigen Besprechung oder einer Rede vor Publikum bald der Vergangenheit angehören.

Ihre Ruhe überträgt sich auf die Mitmenschen

Ein Mensch in Alpha strahlt Ruhe und Harmonie aus. Dies wirkt sich auf das Umfeld aus. Ihr Kunde wird ruhig – durch Ihre Ruhe. Ein entspannter Kunde ist Ihren Argumenten viel zugänglicher und eher bereit, sich auf Neues einzulassen. Alles was Sie ausstrahlen, kommt zu Ihnen zurück!

Die Wirkung des Alpha-Zustands

- Im Alpha-Zustand ist das Gehirn am lernfähigsten.
- Im Alpha-Zustand ist der Mensch am reaktionsfähigsten.
- Im Alpha-Zustand kann man sich am leichtesten von negativen Programmen lösen und sich wertvollere Programme einprägen.
- Im Alpha-Zustand lernt der Mensch sein volles Potenzial zu nutzen.
- Im Alpha-Zustand überwindet der Mensch seine Begrenzungen.
- Der Alpha-Zustand aktiviert Energie und Kraft zum Handeln.
- Der Alpha-Zustand lässt Ängste schwinden und den Glauben wachsen, der Berge versetzen kann.

Der posthynotische Befehl

Das gesprochene Wort dringt tief ins Unterbewusstsein

Sie werden im Zusammenhang mit der Rhetorik, dem meisterhaften Gebrauch von Stimme und Worten, häufiger in diesem Buch mit dem Begriff „posthypnotischer Befehl" konfrontiert. Das gesprochene Wort erreicht die tiefsten Schichten unseres Unterbewusstseins. Wie Sie mit der Autosuggestion innere Veränderungen bei sich vornehmen können, so können Sie durch Ihr Verhalten und Ihre Sprache andere Menschen beeinflussen, indem Sie suggestiv sprechen.

Hypnose

Hypnose ist ein Zustand tiefer Entspannung, in dem der Verstand weitgehend ausgeschaltet ist, so dass man Zugang zum Unterbewusstsein finden kann. Die *Hypnosetherapie* hat das Ziel, verdrängte und verschüttete Erlebnisse aufzuarbeiten. Vielleicht behandelt Ihr Zahnarzt mit Hypnose, versetzt den Patienten in eine Tiefenentspannung, in der er sich wohlfühlt und keinen Schmerz verspürt. Wenn ein Verkäufer dafür sorgt, dass der Kunde sich wohlfühlt und sich entspannt den Vorzügen des neuen Produktes öffnet, so ist dies im weitesten Sinn bereits eine Art der Hypnose. Die Argumente werden nicht mehr von vornherein vom Verstand abgelehnt, sondern können im Unterbewusstsein verankert werden. Das Unterbewusstsein wird „besprochen“.

Jeder Mensch führt posthypnotische Befehle aus

Das klingt nun dramatischer, als es tatsächlich ist. Jeder von uns hat schon posthypnotische Befehle ausgeführt, ohne dass wir es überhaupt bemerkt haben. Und der beste Hypnotiseur steht in Ihrem Wohnzimmer, Ihr Fernseher. Wenn Sie sich Abend für Abend „berieseln“ lassen, ohne bewusst zuzuhören und zuzusehen, nimmt Ihr Unterbewusstsein doch alles auf. Ungefiltert und ohne jede Kontrolle, denn aufgezeichnet wird alles, was Sie, wenn auch nur nebenbei, wahrnehmen. Keine Angst, in jedem Menschen wirkt ein gewisser Selbstschutz: Niemand tut etwas, wenn er es nicht wirklich will. Selbst in einer „richtigen“ Hypnose kann man keinen Menschen zu etwas bewegen, was gegen seinen Willen ist.

Der posthypnotische Befehl, oder anders ausgedrückt die Aufforderung zum Handeln, wird umso wirksamer, je mehr Sie Ihre Zuhörer in einen entspannten Zustand versetzen können und je mehr Sie die rechte Gehirnhälfte ansprechen.

Sie sind, was Sie glauben

Stimmt Ihre Vorstellung von sich selbst?

Sie wissen nun, dass Sie das Produkt Ihrer Gedanken sind. Ändern Sie die Gedanken – zum Beispiel über die Autosuggestion –, dann verändern Sie Ihr Leben. Auch das Bild, das Sie von sich haben, entspringt lediglich

Ihrer Vorstellung von sich selbst. Aber ist diese Vorstellung wirklich real? Sind Sie wirklich so, wie Sie glauben zu sein?

Wie glauben Sie sieht Ihre Zukunft aus?

„Der Glaube versetzt Berge" heißt es schon in der Bibel. Ihre Vorstellung, Ihr Glaube machen Ihre Realität aus, alles ist subjektiv. Sie glauben, dass der Kunde nicht unterschreibt. Was passiert? Er unterschreibt nicht. Sie strahlen Ihre negative Erwartungshaltung aus und er verhält sich so, wie Sie es erwarten! Wissen Sie nun, warum manche Menschen so erfolgreich sind und warum andere nur Absagen erhalten? Ihr Leben verläuft entsprechend Ihrem Glauben. Fragen Sie sich einmal, welche Fähigkeiten Sie haben, welche Leistungen Sie vollbringen können? Ihr jetziges Leben entspricht dem, was Sie früher geglaubt haben. Was werden Sie morgen haben? Werden Sie eine Persönlichkeit sein, die etwas zu sagen hat, die für andere sprechen kann, der man vertrauensvoll folgt! Alles, was Sie glauben, das strahlen Sie aus.

**Gegen Worte kann man sich wehren,
gegen Ausstrahlung nicht!**

Erfolgreiche Menschen sind gute Kommunikatoren

Eine in sich gefestigte Persönlichkeit, die Ziele hat und weiß, dass heute nichts mehr im Alleingang zu erreichen ist, muss gut mit Menschen umgehen können, muss stark in der Kommunikation sein. Ein guter Redner weiß, wie er seine Gesprächspartner „ansprechen" muss, wie er sie innerlich erreicht und für sich einnehmen kann. Um das zu erreichen, ist Redekunst enorm wichtig. Wem es gelingt, das Herz seines Gesprächspartners zu öffnen, der hat die besten Karten.

Checkliste: Wie erreichen Sie Ihr Gegenüber?

✔ Erkennen und nutzen Sie die Macht des gesprochenen Wortes. Das setzt erst einmal voraus, dass Sie wissen, was Sie wollen: Zielklarheit und Führungsanspruch.

✔ Vermitteln Sie Ihr Anliegen so, dass der andere Sie wirklich verstehen kann. Setzen Sie nicht Vorkenntnisse oder hellseherische Fähigkeiten bei Ihrem Gesprächspartner voraus. Erläutern Sie Punkt für Punkt das Vorgehen.

✔ Schaffen Sie eine angenehme, entspannte Atmosphäre. Vermitteln Sie Gefühle, die verbinden: Ich bin wie Sie, wir sind einer Meinung, Sie können mir vertrauen.

✔ Bitten Sie um Feedback. Fordern Sie zu Fragen auf, fragen Sie nach, um herauszufinden, ob Ihr Gesprächspartner verstanden hat, was Sie wollen. Achten Sie auf seine Körpersprache.

✔ Holen Sie den anderen da ab, wo er steht. Wie ist die Stimmung Ihres Gesprächspartners? Ist er wirklich präsent oder in Gedanken ganz woanders? Hat er wirklich Zeit für Sie? Hat er sich gerade geärgert? Sprechen Sie in seiner Sprache, „lesen" Sie seine Körpersprache.

✔ Setzen Sie Stimme, Körper, Augen und Ohren ein. Es kommt nicht nur auf den Inhalt Ihrer Sätze an, sondern auch darauf, wie Sie Ihr Anliegen vermitteln. Wohin ist Ihr Blick gerichtet, was machen Sie mit Ihren Händen, wie ist Ihre Körperhaltung, in welcher Tonlage sprechen Sie, lassen Sie den anderen überhaupt zu Wort kommen? Können Sie wirklich richtig zuhören?

✔ Entzünden Sie mit Ihren Worten einen Funken im Herzen Ihres Gesprächspartners. Legen Sie Emotionen in Ihre Worte, zeigen Sie Ihre Begeisterung, reißen Sie Ihre Mitmenschen mit.

✔ Überzeugen Sie durch Ihre Persönlichkeit. Ihre Ausstrahlung wirkt ohne Worte, aber durch Ihre Worte wird Ihre Persönlichkeit für andere Menschen sichtbar.

✔ Danken Sie Ihrem Gesprächspartner. Loben Sie, finden Sie anerkennende Worte, machen Sie Komplimente.

✔ Lächeln öffnet Türen!

Rhetorik ist mehr als nur Redekunst

Wie Sie sehen, ist Rhetorik viel mehr als nur zu reden:

- Rhetorik ist die Kunst andere Menschen zu gewinnen und zu überzeugen.
- Rhetorik ist die Kunst ein „Nein“ Ihres Gesprächspartners in ein „Ja“zu verwandeln.
- Rhetorik ist die Kunst Mitarbeiter zu führen und erfolgreich zu machen.
- Rhetorik ist die Kunst frei aufzutreten mit wirkungsvoller Körperhaltung.
- Rhetorik ist die Kunst im richtigen Sprechtempo und in guter Stimmlage zu sprechen.
- Rhetorik ist die Kunst Gedanken logisch aufzubauen und zu vermitteln.
- Rhetorik ist die Lehre von der Wirkung des Menschen.
- Rhetorik zu beherrschen ist die Grundlage für den Erfolg.

Der Redner hat die Kraft, Ideen stark und mächtig zu machen, und er hat die Macht, durch die Kraft des gesprochenen Wortes die Zukunft mitzugestalten.

„Wer die Welt überzeugt, regiert sie.“

Thomas Carlyle

Kapitel 2
Zielklarheit und Konzentration auf das Ziel

Wenn Ziele und Wünsche sich ständig ändern

Die meisten Menschen haben eine Menge Pläne. Fragt man sie aber ganz konkret nach ihren Zielen, sind viele verunsichert. Heute wollen sie einen Job im Ausland, weil sie glauben, das sei karriereförderlich, andererseits finden sie auch die Position des Prokuristen im jetzigen Unternehmen attraktiv und zudem möchten sie natürlich noch mehr Freizeit, um endlich einmal einen Segelkurs machen oder öfter zum Golfen gehen zu können. Fragt man dieselbe Person ein halbes Jahr später wieder nach ihren Zielen, möchte sie doch lieber in Deutschland bleiben und sich einmal bei der Konkurrenz umsehen. Die Lust aufs Segeln hat sich auch gelegt, jetzt ist Bergsteigen „in". Wer so lebt, braucht sich nicht zu wundern, dass er nicht vorwärts kommt, auf keinem Gebiet richtig erfolgreich und im Grunde seines Herzens unzufrieden mit sich und seinem Leben ist.

Vorsicht Bruchlandung!

Wie wollen Sie ein Ziel erreichen, wenn Sie auf dem Weg zu Ihrem Ziel ständig die Richtung ändern? Stellen Sie sich vor, Sie sitzen als Pilot im Flugzeug. Beim Abflug war Ihr Ziel San Francisco, aber während Sie den Atlantik überqueren, gelüstet es Sie nach Strand, Hula-Hula und hübschen Mädchen. Warum nicht einen Schwenker nach Hawaii machen? Sie ändern den Kurs. Während die Stunden an Ihnen vorbeifliegen, erzählt Ihr Copilot, dass er kürzlich eine einmalige Tour durch das Outback in Australien gemacht hat. Seine Schilderung fasziniert Sie derartig, dass Sie beschließen, nach Australien zu fliegen. Leider reicht jedoch der Sprit nicht und Sie müssen notwassern ...

Leben statt gelebt zu werden

Wenn Sie Ihr Leben ebenso steuern wie unser Pilot, dann werden Sie am Ende Ihrer Tage nicht auf ein erfülltes und erfolgreiches Leben zurückblicken und sagen können: „Ich habe mein Leben gelebt." Vielmehr müssen Sie feststellen, dass das Leben an Ihnen vorbeigegangen ist, Sie nichts richtig geschafft haben, und Sie müssen sich eingestehen: „Nicht ich habe mein Leben, sondern mein Leben hat mich gelebt." Die Verantwortung dafür weist man dann gerne den „Umständen" oder dem „Schicksal" zu.

Das Leben selbst in die Hand nehmen

Wer nicht weiß, wohin er will, wird wie ein Blatt vom Wind hin und her getrieben, plan- und ziellos, ist mal hier, mal dort, tut mal dieses und mal jenes. Vielleicht meint das Schicksal es ja gnädig mit Ihnen und Sie dürfen kleine Erfolge verzeichnen. Doch, was könnten Sie aus Ihrem Leben machen, würden Sie es fest in die eigenen Hände nehmen! Stellen Sie sich vor, Sie müssten nicht mehr das Schicksal für Fehler verantwortlich machen, Sie könnten selbst sagen, ich habe mich getäuscht, geirrt, eine Situation falsch eingeschätzt. Sie bräuchten auch das Wort „Glück gehabt" nicht mehr für Ihre selbst verursachten Erfolge vorzuschieben. Sie könnten mit Recht sagen: „Mein Erfolg ist das Ergebnis meines Einsatzes." Übernehmen Sie die Verantwortung für die Misserfolge, dann haben Sie die Gelegenheit, daraus zu lernen und es das nächste Mal besser zu machen.

Schreiben Sie aber dem Schicksal den Misserfolg zu, dann berauben Sie sich selbst dieser Chance. Ihr Leben wird sich nie ändern, denn Sie selbst haben das Steuer aus der Hand gegeben, überlassen anderen, über Ihr Leben zu entscheiden. Und wenn *Sie* nicht für sich entscheiden, dann tun es andere. Lassen Sie dies nicht zu!

Keine Angst vor Fehlern!

Niemand braucht Angst vor Fehlern zu haben. Irren ist menschlich und niemand kann auf ein Leben frei von Irrtümern zurückblicken. Der größte Irrtum ist es zu glauben, Fehler einzugestehen sei ein Zeichen schwacher Persönlichkeit. Genau das Gegenteil ist der Fall. Schauen Sie sich die großen Persönlichkeiten in der Geschichte an. Sie alle haben Fehler gemacht. Aber das hat sie nicht abgehalten, vorwärts zu gehen. Bestes aktuelles Beispiel hierfür ist Bill Clinton.

Es ist keine Schande hinzufallen.
Aber es ist eine Schande liegen zu bleiben.

2.1 Wo bin ich – wo will ich hin?

Das Ziel bestimmt den Weg

Die Frage nach dem Ziel steht am Anfang aller Überlegungen. Egal, ob Sie Ihre rhetorischen Fähigkeiten verstärken wollen oder Ihre Karriere, Ihr Privatleben oder auch nur einen Kurzurlaub planen. Wenn Sie Ihr Leben – auch in den weniger wichtigen Bereichen – nicht immer auf Ihre Ziele ausrichten und hin und wieder überprüfen, ob Sie noch auf dem richtigen Kurs sind, vergeuden Sie viel Zeit und Energie. Nur wer ein Ziel hat, kann es auch erreichen!

Übung

Schreiben Sie jetzt ganz spontan auf ein Blatt Papier:

Mein Lebensziel Nr. 1: ____________________

Mein Lebensziel Nr. 2: ____________________

Mein Lebensziel Nr. 3: ____________________

Sie wollen Erfolg!

Wir alle wollen Erfolg. Erfolg ist das, was auf Ihr Tun *erfolgt*, ist also entsprechend dem Ursache-Wirkungs-Prinzip das *Ergebnis Ihres Einsatzes*, Ihres Engagements. Deshalb ist es so wichtig, dass wir unsere Energien nicht nutzlos in einer Vielzahl von Aktivitäten verpuffen lassen, sondern sie *zielgerichtet* einsetzen.

Erfolg versus Interesse

Auf die Frage nach dem Lebensziel höre ich von vielen Menschen folgenden Satz: „Ich interessiere mich für …“ und dann erfolgt eine lange Aufzählung. Betrachtet man das Leben dieser Menschen, stellt man fest, dass sie ausgesprochen aktiv sind, meist unter Zeitnot leiden und sich in vielen Bereichen auskennen. Dagegen ist nichts einzuwenden, werden Sie vielleicht sagen. Schaut man aber genauer hin, bemerkt man, dass diese Menschen von vielen Dingen nur wenig wissen. Alles bleibt an der Oberfläche, alles ist *nur Interesse.* Heute interessieren wir uns für die neuen Medien, morgen für Kfz-Mechanik. Aber was können wir damit anfangen? Wenn wir uns nur interessieren, werden wir niemals in der Lage sein, die neuen Medien für uns zu nutzen oder unser Auto zu reparieren. Es reicht nicht, sich für seinen Beruf zu interessieren, wenn man erfolgreich sein will. Erfolg kann ich auf Basis von „Interesse“ nicht haben.

Erfolgreiche Menschen haben große Ziele

Was unterscheidet wirklich erfolgreiche Menschen von den anderen, die den Durchbruch nicht schaffen? Es sind nicht professionelle Fähigkeiten und Erfahrung, die Menschen zu Führungspersönlichkeiten, zu erfolgreichen Managern oder Verkäufern machen. An erster Stelle steht die Zielklarheit! Hier liegt der entscheidende Unterschied. Wer Erfolg hat, hat immer ein (großes) Ziel.

Halten Sie sich an das Motto von Altbundeskanzler *Helmut Kohl:*

„Wenn man ans Ziel will, muss man einsteigen."

Steigen Sie ein in Ihr Leben, setzen Sie sich Ihre Ziele und machen Sie sie zur Grundlage Ihres Handelns!

Was wollen Sie in Ihrem Leben erreichen?

Sie müssen sich entscheiden!

Wollen Sie der Erste in Ihrer Firma sein, wollen Sie ein gesuchter Experte in Ihrem Fachbereich sein, wollen Sie ein glücklicher Ehemann und Vater sein? Oder wollen Sie von allem nur ein bisschen? Sind Sie zufrieden, wenn Ihr Kollege, der eine schlechtere Ausbildung absolviert hat als Sie, Vorstand wird, während Sie immer noch Abteilungsleiter sind? Macht es Ihnen nichts aus, wenn Ihr ehemaliger Kommilitone, der eigentlich auch nicht intelligenter ist als Sie, in sämtlichen Fachzeitschriften zitiert wird? Fühlen Sie sich wirklich wohl zu Hause, nur weil nicht ständig gestritten wird? Glauben Sie, dass Ihre Kinder sagen: „Ich habe einen tollen Vater, eine tolle Mutter!"

Den Status quo bestimmen

Bevor Sie Ihre Ziele finden und festlegen, muss zuerst eine Bestandsaufnahme gemacht werden, muss herausgefunden werden, wo Sie heute stehen. Denn das ist Ihr

Ausgangspunkt. Dafür ist es notwendig einen Blick in die Vergangenheit zu werfen. Welche Träume, Pläne und Vorstellungen hatten Sie einmal? Was ist daraus geworden? Warum hat sich Ihr Leben so entwickelt und nicht anders? Ein Sprichwort der australischen Ureinwohner lautet: *„Wer das Träumen verlernt hat, ist verloren."* Und dem kann ich aus vollem Herzen zustimmen. Wer keine Träume und Wünsche mehr hat, der hat auch keine Zukunft. An was soll sich ein Mensch orientieren, wenn nicht an seinen Wünschen. Viele Menschen lassen sich fremdbestimmen, übernehmen die Vorstellungen und Wünsche anderer Menschen, ohne sich der Konsequenz bewusst zu sein: einer Unzufriedenheit, die tief aus dem Inneren kommt.

Zeit für sich selbst nehmen

Nehmen Sie sich Zeit für sich selbst. Wann haben Sie das zum letzten Mal gemacht? Wann haben Sie sich überhaupt zum letzten Mal mit sich und Ihrem Leben, Ihren Wünschen und Vorstellungen auseinander gesetzt? Sie haben keine Zeit dafür, haben zu viele Termine, Verpflichtungen, zu viel Arbeit? Glauben Sie nicht, dass die Zeit, die Sie in sich und Ihre Entwicklung investieren, die beste Investition ist, die Sie überhaupt machen können? Ich sage Ihnen – und ich spreche aus meiner jahrzehntelangen Erfahrung als Erfolgs- und Motivationstrainer: Wer keine Zeit für sich selbst hat, wird es nie zu etwas bringen.

Sie sind der wichtigste Mensch in Ihrem Leben.

Auswirkungen auf Ihr Umfeld

Das heißt nicht, dass Sie ein rücksichtsloser Egoist sein sollen. Es heißt aber, dass Sie Ihren Fähigkeiten entsprechend Ihre Lebensaufgabe finden und erfüllen sollen. Damit tun Sie nicht nur sich selbst etwas Gutes. Ihr gesamtes Umfeld profitiert davon: Ihre Familie, weil Sie zufrieden sind; Ihre Firma, weil Sie eine Spitzenkraft sind; Ihre Mitarbeiter, weil Sie sie motivieren und zu Höchstleistungen anspornen uns sie erfolgreich machen können. Die Beschäftigung mit sich selbst hat sehr viel mit *sozialer Kompetenz* zu tun. Sind Sie zufrieden, sind die Menschen in Ihrer Umgebung auch zufrieden. Sind Sie erfolgreich, können auch Ihre Mitarbeiter oder Ihre Firma erfolgreich sein.

Mittelmaß und Egoismus

Egoistisch ist vielmehr derjenige, der sich keine Gedanken über sein Leben macht, der wie ein führerloses Schiff im Ozean des Lebens treibt. Ein solcher Mensch kann anderen nichts geben, sein Leben ist ziellos, er bleibt immer im Mittelmaß. Er kann kein Vorbild für seine Kinder sein, kann nicht dazu beitragen, dass Mitarbeiter motiviert werden und sein Unternehmen erfolgreich ist.

Wo stehe ich heute?

Beantworten Sie in aller Ruhe die folgenden Fragen. Wir wollen uns mit allen Bereichen des Lebens befassen, damit Sie „klar“ sehen. Was war Ihnen früher einmal wichtig, was davon ist Ihnen heute noch wichtig? Soll das so bleiben oder rücken andere Werte an die erste Stelle? Schreiben Sie Ihre Antworten auf ein Blatt Papier.

Fragebogen: Standortbestimmung

Alter: ______________________________

Ausbildung: ______________________________

Beruf: ______________________________

Position: ______________________________

Familienstand: ______________________________

Hobbys: ______________________________

Wie viele Jahre werden Sie voraussichtlich noch berufstätig sein? ______________________________

Beruf

- Welche beruflichen Vorstellungen hatten Sie als Kind, als Jugendlicher?
- Hat sich Ihre Vorstellung vom Traumberuf oft geändert?
- Hatten Sie schon als Kind einen einzigen bestimmten Berufswunsch?
- Haben Sie diesen Beruf tatsächlich ergriffen?
- Wenn nein, warum nicht?
- Wie hat sich Ihre Karriere entwickelt?
- Haben Sie sich bewusst für Ihre Ausbildung entschieden?
- Haben Sie sie ohne große Probleme absolviert?
- Haben Sie Ihren Beruf selbst gewählt?
- Oder sind Sie durch irgendwelche Umstände zu Ihrer jetzigen Tätigkeit gekommen?
- Üben Sie Ihren Beruf mit Begeisterung aus, ist er Berufung für Sie?
- Haben Sie Ihren Beruf gewechselt?
- Wenn ja, wie oft und warum?
- Haben sich Ihre beruflichen Erwartungen dadurch erfüllt?
- Sind Sie mit Ihrer Tätigkeit zufrieden?
- Haben Sie heute die Position, die Sie für diesen Lebensabschnitt (Alter) angestrebt hatten?
- Wenn nein, warum nicht?
- Führen Sie Menschen?
- Wenn ja, wie viele?

- Glauben Sie, dass Ihre Mitarbeiter/Kollegen mit Ihnen zufrieden sind?
- Wenn ja, aus welchen Gründen?
- Wenn nein, warum?
- Ist Ihr Chef mit Ihnen zufrieden?
- Können Sie gut mit ihm auskommen?
- Sind Ihre Kunden mit Ihnen zufrieden?
- Haben Sie oft Probleme mit Kunden?
- Wenn ja, worum geht es in den meisten Fällen?
- Sind Sie mit Ihrem Einkommen zufrieden?
- Wenn nein, warum verdienen Sie nicht mehr?
- Bezeichnen Sie sich als erfolgreich?
- Haben Sie erreicht, was Sie sich vorgenommen hatten?

Fazit:
Wie erfolgreich und wie zufrieden sind Sie mit dem Ergebnis Ihrer Analyse?

____

____

____

Privatleben
- Wie sieht es in Ihrem Privatleben aus?
- Hatten Sie sich Ihr Leben einmal so vorgestellt?
- Sind Sie mit Ihrer augenblicklichen Situation zufrieden?
- Wenn nein, warum?
- Wollten Sie immer schon Familie/Kinder?
- Haben Sie diesen Wunsch realisiert?
- Wenn nein, warum nicht?
- Wie oft waren Sie verheiratet?
- Woran sind frühere Ehen/Beziehungen gescheitert?
- Führen Sie ein harmonisches Familienleben?

- Wie ist Ihre Beziehung zu Ihren Kindern?
- Wissen Sie, was ihnen wichtig ist, wer ihre Freunde sind, wohin sie gehen?
- Kommen Ihre Kinder mit ihren Problemen zu Ihnen?
- Haben Ihre Kinder Vertrauen zu Ihnen?
- Was tun Sie für Ihren Partner/Ihre Partnerin?
- Ist Ihr Partner/Ihre Partnerin berufstätig?
- Finden Sie das okay?
- Wenn ja, schätzen und unterstützen Sie das?
- Muss Ihr Partner/Ihre Partnerin aus finanziellen Gründen mitarbeiten?
- Wie ist Ihr Verhältnis zu Ihren Eltern, Geschwistern etc.
- Haben Sie viele Bekannte?
- Wie viele wirkliche Freunde haben Sie?
- Sind Sie beliebt und woran merken Sie das?
- Haben Sie Zeit für Familie, Freunde und Bekannte?
- Was tun Sie für sie?
- Welche Hobbys haben Sie?
- Wie viel Zeit nehmen Sie sich dafür?

Fazit:

Wie zufrieden sind Sie in Ihrem Privatleben? Haben Sie alles, was Sie wollen?

____

____

Wie weit stimmen frühere Vorstellungen mit der Realität überein?

____

____

Persönlichkeit

- Wer sind Sie?
- Welcher Typ sind Sie (dynamisch, optimistisch, zögerlich, draufgängerisch...)?
- Welches sind Ihre Haupteigenschaften?
- Welche dieser Eigenschaften würden Sie als positiv bezeichnen?
- Welche als negativ?
- Waren Sie schon immer so wie heute oder haben Sie sich verändert?
- Mit welchem prägnanten Satz würden Sie sich selbst beschreiben?
- Welches Bild haben Ihre Familie/Ihre Freunde von Ihnen?
- Stimmt dieses Bild überein mit dem Bild, das Sie von sich haben? (Fragen Sie nach, ob Ihr Eindruck stimmt.)
- Gibt es einen Wunsch, den Sie schon immer hatten?
- Haben Sie ihn realisiert?
- Wenn nein, warum nicht?
- Fühlen Sie sich wohl in Ihrer Haut?
- Sieht man das an Ihrem Auftreten?
- Wie wichtig sind für Sie Gespräche?
- Haben Sie den Eindruck, dass Sie anderen Menschen gut Ihre Gedanken, Meinungen und Ideen vermitteln können?
- Sind Sie ein kommunikativer Typ?
- Reden Sie gerne?

Fazit:

Schreiben Sie die drei wesentlichen Züge Ihrer Persönlichkeit auf.

____

____

____

Nun haben wir uns mit der Vergangenheit befasst. Das ist wichtig, um für die Zukunft die Weichen stellen zu können. Ansonsten sollten Sie die Vergangenheit ruhen lassen. Die Vergangenheit können Sie nicht ändern. Aber vor Ihnen liegt die Zukunft – und die können Sie gestalten, hier haben Sie die Gelegenheit, aktiv einzugreifen, sich in Ihr Leben einzumischen, das Steuer (wieder?) selbst in die Hand zu nehmen.

Wünsche und Werte

Wünsche und Fähigkeiten

Bevor wir uns mit den einzelnen Lebensbereichen befassen, sollten wir uns fragen, welche Werte in unserem Leben eine Rolle spielen und welche Wünsche wir hatten und haben. Wünsche stehen in engem Zusammenhang mit unseren Fähigkeiten. Selten wünscht man sich etwas, was nicht dem eigenen Wesen entspricht und meistens sind die Fähigkeiten, die zur realen Umsetzung des Wunsches notwendig sind, in einem angelegt.

Übung

Notieren Sie auf einem separaten Blatt mindestens fünfzig Wünsche. Suchen Sie aus dieser Liste die drei wichtigsten Wünsche heraus. Es sollten wirkliche Herzenswünsche sein – also Wünsche, die aus Ihrem Inneren kommen, die einen großen Stellenwert für Sie haben, an denen Ihr Herz hängt. Diese drei Hauptwünsche schreiben Sie bitte in die folgenden Notizzeilen.

Sich selbst besser kennen lernen

Es geht darum, dass Sie sich selbst besser kennen lernen, denn dann fällt es Ihnen viel leichter, Ziele für Ihr Leben zu finden. Diese Ziele müssen mit Ihrer Persönlichkeit in Einklang stehen. Durch Ihre Wünsche erkennen Sie Ihr Wesen. Ihre Ziele, Ihr Wesen, Ihre Persönlichkeit müssen im Einklang miteinander stehen. Ihre Wünsche, verbunden mit dem Wissen um Ihre Fähigkeiten, führen Sie zu Ihren Zielen, lassen Sie die Dinge erkennen, die in Ihrem Leben wertvoll sind. So wertvoll, dass Sie Ihre ganze Energie auf diese Ziele richten.

Alles, was wir tun oder unterlassen, hängt mit den Werten zusammen, die wir als wichtig erachten. Manche Werte stammen aus der Kindheit. Wir haben sie von den Eltern übernommen und vielleicht bis heute beibehalten, ohne uns weiter darüber Gedanken zu machen. Wenn Sie aber Klarheit über Ihre Lebensziele bekommen wollen, dann gehört es dazu, die Werte – also alles, was für Sie *wert-voll* ist – einmal ganz bewusst zu betrachten und (vielleicht) neu festzulegen.

Übung

Notieren Sie alle Werte, die Ihr Leben bestimmen. Welchen Wert hat Ihre Arbeit? Was gibt Ihrem Leben einen Sinn, macht es wertvoll?

Ein Mensch, der weiß, was für ihn wertvoll ist, wird immer einen Sinn in seinem Leben sehen. Er hat Aufgaben übernommen, die ihn erfüllen, er hat Ziele gewählt, die er verfolgt. Werte und Ziele sind untrennbar miteinander verbunden.

Übung
Überpüfen Sie die Werte, die bisher für Sie wichtig waren. Sind Sie damit zufrieden oder hängen Sie aus Gewohnheit an überlieferten Werten, die nicht unbedingt Ihrer Persönlichkeit entsprechen?

Nehmen Sie sich Zeit für die Beantwortung dieser wichtigen Fragen.

Wo will ich hin?

Auf der Basis der soeben gewonnenen Erkenntnisse machen wir uns nun auf, den Blick in Richtung Zukunft zu lenken und bestimmen unsere Lebensziele. Zu diesem Zweck arbeiten wir noch einmal mit einem Fragebogen. Notieren Sie Ihre Antworten auf einem separaten Blatt Papier. Wenn Sie Ihre Gedanken aufschreiben, dann kommt dies einem Selbstgespräch gleich. Sie finden so viel besser heraus, was Ihnen wirklich wichtig ist. Alles, was Sie visuell aufnehmen, prägt sich tiefer in Ihr Gedächtnis ein, denn ein Bild unterstützt den Gedanken, das Wort.

Fragebogen: Lebensziele

Beruflich

- Was wollen Sie konkret erreichen?
  Schreiben Sie auf, welche Position Sie anstreben, wie viel Sie verdienen möchten, welches Gebiet Sie bearbeiten, welche Umsätze Sie erreichen wollen. Wenn Sie noch am Anfang Ihrer Karriere stehen, dann machen Sie sich einen Etappenplan.

- Notieren Sie, wann Sie was erreicht haben wollen.
- Welche Voraussetzungen müssen Sie erfüllen (z. B. Fortbildung, Auslandsaufenthalt, Umzug ...)?
- Notieren Sie Schritte, setzen Sie sich Fristen.
- Wer kann Ihnen dabei helfen?
- Wer kann Sie behindern?
- Welches ist Ihre stärkste Fähigkeit, die Ihnen im Beruf von Nutzen ist?
- Welches ist Ihre größte Schwäche bezogen auf den Beruf?
- Welche Fähigkeiten müssen Sie verstärken, um für die angestrebte Position fit zu sein?
- Was ist Ihnen am wichtigsten: Position, Ansehen, Macht, Geld, Anerkennung, Zufriedenheit ...?
- Welche Vorzüge haben Sie gegenüber Ihren Konkurrenten?
- Was hat die Konkurrenz, was Ihnen fehlt?

Formulieren Sie Ihr Ziel so konkret wie möglich (was, wann, wie viel).

Mein berufliches Ziel:
Ich will ...

____

____

____

Privat
- Was will ich an meinem Familienleben beibehalten, was gefällt mir?
- Was will ich an meinem Familienleben ändern?
- Was kann ich dazu beitragen, um meine Lebensqualität zu verbessern?

- Was muss an der Beziehung zu den Kindern verändert werden?
- Werde ich meinen Freunden gerecht, habe ich genügend Zeit für sie – muss ich etwas anders, besser machen?
- Welche Hobbys sind mir wichtig und wie viel Zeit will ich dafür verwenden?
- Was geben mir Partner(in)/Kinder/Freunde?
- Was gebe ich ihnen?
- Ist das Verhältnis ausgewogen?
- Gehe ich mit meiner Zeit sorgfältig um?
- Welchen Stellenwert hat die Familie für mich?
- Was ist mir im Privatleben am wichtigsten, hat die höchste Priorität?
- Werde ich dem auch wirklich gerecht?

Formulieren Sie auch hier Ihr Ziel so konkret wie möglich.

Mein privates Ziel:
Ich will …

____

____

____

Persönliche Entwicklung

- Welchen Stellenwert haben in Ihrem Leben: Beruf, Familie, Freunde, Freizeit?
- Welche Stärken wollen Sie verstärken?
- Welche Schwächen wollen Sie abbauen?
- In welchem Zeitrahmen wollen Sie diese Veränderung bewirken?

- Welches waren früher einmal Ihre wichtigsten drei Wünsche?
- Welche davon sind Ihnen heute noch wichtig? (siehe Seite 54)

Beschreiben Sie Ihr Ziel so exakt wie möglich und legen Sie einen Zeitrahmen fest.

Mein persönliches Ziel:
Ich will …

____

____

____

Blättern Sie zurück auf Seite 54, wo Sie Ihre drei Hauptwünsche notiert haben. Bringen Sie diese in Zusammenhang mit den Ergebnissen der Fragebögen und entscheiden Sie sich für Ihre Lebensziele.

Die Lebensziele

Ihre drei wichtigsten Ziele

Vor Ihnen liegen jetzt Ihre Zukunftspläne. Notieren Sie die drei wichtigsten Ziele, die Sie erreichen wollen. Vielleicht ist Ihnen bei der Beantwortung der Fragen bewusst geworden, dass Sie beruflich alles erreicht haben, was Sie wollten, und dass heute Ihr Privatleben wichtiger für Sie ist. Oder Sie haben festgestellt, dass Sie beruflich noch sehr viel mehr wollen. Präzisieren Sie Ihre Ziele – je konkreter desto besser. So wie ein guter Schütze das Ziel genau anvisiert, sollten auch Sie Ihre Ziele ganz genau kennen, damit Sie ins Schwarze treffen können. Nehmen Sie sich Zeit für diese Entscheidung, denn sie sollte langfristige Gültigkeit haben. Ihre Ziele müssen übereinstimmen mit den Werten, den Wünschen, mit Ihrer Lebensvorstellung, dann können Sie sich ganz für Ihre Ziele einsetzen. Ihre Ziele sind die Grundlage für all Ihre Entscheidungen, Ihr Verhalten und Handeln. Dies ist die notwendige Voraussetzung, um vom Wunsch zur Realität, von der Vision zum Erfolg zu gelangen.

Notieren Sie:

1. Ziel: ______________________________

2. Ziel: ______________________________

3. Ziel: ______________________________

Schritt für Schritt zum Ziel

Entwerfen Sie zu jedem Einzelziel einen strategischen Plan. Notieren Sie die einzelnen Schritte, nach denen Sie vorgehen wollen und setzen Sie dafür jeweils ein zeitliches Limit. Diesen Plan heben Sie gut auf. Überprüfen Sie jeden Monat, ob Sie vorankommen, ob Sie noch auf dem richtigen Weg sind, ob Sie im Zeitplan liegen. Nehmen Sie eventuelle Korrekturen vor, ohne den Zielpunkt zu verändern.

Zielklarheit bedeutet nicht Einseitigkeit

Und bedenken Sie: Wenn Sie für diese Ziele nur zwanzig Prozent Ihrer Zeit und Ihrer Energie einsetzen, dann bleiben Ihnen immerhin noch achtzig Prozent für Ihre „Interessen“. Zielklarheit bedeutet nicht Einseitigkeit. Damit wir uns richtig verstehen: Wir empfehlen Ihnen *nicht,* sich *nur noch* einem einzigen Lebensziel zu verpflichten. Aber Sie sollten Ihre *Hauptziele stets vor Augen haben,* sollten auf Ihrem Gebiet zu einem Experten, sollten Spitze in Ihrem Bereich werden. Daneben wird Ihnen genug Raum bleiben, um auch weiterhin Ihre Interessen für Kultur, Sport, Hobbys zu pflegen. Sie verfügen aber nun über das Wissen, dass Sie ein *Profi* in Ihren Zielbereichen werden wollen und in den anderen Bereichen ein *Interessent* bleiben.

Autosuggestion

Hierzu eine Autosuggestion:
Ich bin fest entschlossen, eine einflussreiche Persönlichkeit zu werden.
Ich sehe mein schönes großes Ziel ganz deutlich vor mir und bin bereit, es durch konsequente Planarbeit zu erreichen.
Ich werde nicht wankelmütig sein, denn ich kenne die großen Vorteile, die sich aus meiner zielbewussten Entwicklung ergeben.
Jeden Tag führe ich meine Übungen durch und schon fühle ich, wie mein Auftreten und Sprechen immer freier, immer mutiger und immer selbstsicherer werden.

Rhetorik ist das notwendige Handwerkszeug zur Zielerreichung

Um etwas erreichen zu wollen, muss man Ziele haben. Um diese Ziele zu erreichen, ist es notwendig gut sprechen zu können. Kein Mensch lebt in einem Vakuum. Wenn Sie etwas bewirken wollen, dann brauchen Sie dazu die Unterstützung Ihrer Mitmenschen. Ob Sie Vorgesetzte, Kunden oder Journalisten überzeugen müssen, ob Sie Ihre Mitarbeiter zu Engagement motivieren oder Ihre Familie von einem bestimmten Urlaubsziel überzeugen wollen. Zu allem benötigen Sie die Fähigkeit, sich richtig auszudrücken, Ihre Gedanken anderen Menschen klar zu vermitteln und dabei nicht nur ihren Kopf, sondern auch ihr Herz zu erreichen. Ihre Worte sollten Funken sein, die in anderen Menschen ein Feuer entzünden können. Das ist das *Handwerkszeug,* das Sie benötigen, um Ihre Ziele zu erreichen, um Ihre Mitmenschen zu überzeugen, zu begeistern und zu Ihren aktiven Mitstreitern zu machen. Zur Erreichung Ihrer Ziele können

Ihnen obige und folgende Autosuggestionen dienen. Am besten ist es, wenn Sie die Texte abschreiben, das prägt sich tiefer ein und Sie lernen den Text ganz von selbst auswendig. Sprechen Sie die Autosuggestion mit lauter Stimme und der richtigen Betonung mehrmals täglich. Tragen Sie den Text so vor, als müssten Sie sich selbst überzeugen!

Autosuggestion

Ich kann, was ich will!
Ich bin fest entschlossen, meinem Leben Wert und Sinn zu geben, denn ich weiß, was ich will!
Ich habe einen starken Willen und kann mich gut konzentrieren!
Alle Oberflächlichkeiten verschwinden –
meine Konzentrationskraft vertreibt meine Unruhe!
Misserfolge können mich nicht verunsichern, denn ich kann, was ich will!
Erst denken, dann handeln,
aber nie mit dem Kopf durch die Wand,
denn es gibt immer eine Tür!
Wünschen – planen – wagen – siegen,
das ist mein Motto!
Ich bin glücklich, denn ich weiß, was ich will!

Grundgesetze der Lebensentfaltung

Ich möchte Sie auch an dieser Stelle mit meinen Grundgesetzen zur Lebensentfaltung vertraut machen. Ich habe diese vierzehn Prinzipien im Laufe meiner Tätigkeit erarbeitet, und sie haben sich als eine hervorragende Basis für eine persönliche Weiterentwicklung und Entfaltung der individuellen Fähigkeiten bewährt. Studieren Sie diese Gesetze (siehe Anhang, Seite 177) und verinnerlichen Sie den Inhalt.

1. Grundgesetz der Lebensentfaltung
Nur der Mensch hat die Kraft, bewusst zu denken, zu planen und zu gestalten. Nur er kann sich selbst und damit sein Schicksal und seine Zukunft gezielt beeinflussen.

Zum bewussten Denken und Handeln gehört die richtige Vorbereitung – so wie Sie Ihre Kleidung für einen bestimmten Anlass zurechtlegen, prüfen, ob alles in Ordnung ist, die Farben zusammenpassen und alles der Situation angemessen ist, so muss auch eine Rede bis ins Detail vorbereitet und durchdacht werden.

2.2 Vorbereitung auf die Rede

Ob es um ein wichtiges Gespräch beim Chef, eine Präsentation, eine Rede vor Absolventen eines Kurses oder um einen privaten Redeanlass geht – das A und O ist die Vorbereitung. Als Daumenregel gilt:

Achtzig Prozent Ihrer Zeit und Energie für eine Rede muss der Vorbereitung gelten.

Der erste Schritt zum Erfolg

Das ist keine Fehlinvestition! Versetzen Sie sich nur einmal in folgende Lage: Sie haben einen Maler bestellt. Er kommt in Ihr Haus und stellt während der Arbeit fest, dass er nicht genügend Material mitgebracht hat, etwas Kleister, Tapete oder Farbe fehlt. Er kann nicht zügig durcharbeiten und den Termin nicht einhalten. Dieser Maler wird sicher nie mehr von Ihnen bestellt und Sie werden jedem abraten, diesen Maler zu beauftragen. Bei einer Rede ist das nicht viel anders. Ein Sprecher, der kein Konzept hat, der nicht vorbereitet ist, der eine Rede beginnt und nicht weiß, welchen Weg er einschlagen soll, der nicht weiß, mit welchem Anliegen er seinen Vortrag beenden wird, dem hört keiner zu, den nimmt niemand ernst. Eine gute Vorbereitung auf eine Rede ist der erste Schritt zum Erfolg. Nicht wahllos reden, sondern die Worte richtig einsetzen, um das Ziel zu erreichen. Wer reden will, der sollte auch etwas zu sagen haben. Eine Rede muss einen Sinn, einen wirklichen Inhalt haben. Deshalb steht die Frage nach dem Sinn und Zweck (Ziel) der Rede an erster Stelle.

Fragebogen: Vorbereitung auf eine Rede

- Was wollen Sie mit Ihrer Rede erreichen?
  Was ist das Ziel: Wollen Sie Kunden überzeugen, Mitarbeiter motivieren, Chefs informieren, eine neue Werbestrategie verkaufen, ein neues Produkt vorstellen, Geld für ein Projekt budgetieren …?

- Welches Publikum haben Sie?
  Müssen Sie sich bezüglich Inhalt und Redestil besonders auf Ihre Zuhörer einstellen (Akademiker, Handwerker, jung, alt)? Brauchen Sie besondere Fachkenntnisse, über die Sie möglicherweise nicht im vollen Maß verfügen?
  Ist eine besondere Ausdrucksweise sinnvoll?
  Wissen Sie, welche Erwartungen Ihr Publikum hat?
  Sprechen Sie zu Experten, zu Fans oder einfach nur zu durchschnittlich interessierten Menschen?

- Wie finden Sie den Weg zum Herzen Ihrer Zuhörer?
  Verleihen Sie Ihren Worten Gefühl, legen Sie Ihre Seele in Ihre Worte! Sprechen Sie von Herz zu Herz.
  Gleichwohl ob Sie vor einem akademischen, intellektuellen oder politischen Publikum sprechen, Ihre Zuhörer sind immer Menschen mit Herz *und* Verstand. Sie sollten sie deswegen auf beiden Ebenen erreichen.

– Gibt es einen besonderen Anlass für die Rede?
Firmenjubiläum, Ehrung verdienter Mitarbeiter, Einstandsrede bei Arbeitsbeginn …
Wie kombinieren Sie Anlass und Ziel miteinander?
Haben Sie alle Informationen über den Anlass (Geschichte, Fakten, Anekdoten)?
Welche „Fettnäpfchen" gilt es zu vermeiden?
Wer muss (unbedingt) namentlich erwähnt werden?
Bei wem müssen Sie sich bedanken?

– Welche Argumente haben Sie?
Mit welchen Gegenargumenten sollten Sie rechnen?
Was können Sie dagegen halten?

– Vertreten Sie Ihre innere Überzeugung oder verkaufen Sie die Ansichten Ihres Konzerns, Ihres Vorgesetzten?
Werden Sie sich darüber ganz klar, denn wenn Sie nicht überzeugt sind, können Sie kaum andere Menschen überzeugen. (siehe auch Seite 68, Körpersprache)

– Welche Unterlagen und technischen Hilfsmittel brauchen Sie?
Videorekorder, Flipchart, Overheadprojektor …
Sind diese Geräte vorhanden und funktionsfähig?
Können Sie selbst diese Geräte bedienen oder haben Sie für Hilfe gesorgt?

– Wie viel Zeit steht Ihnen zur Verfügung?
Denken Sie daran: Weniger ist häufig mehr.

– Zu welcher Zeit halten Sie die Rede?
Stehen die Zuhörer unter Stress, weil weitere Termine anstehen?
Geht Ihr Vortrag weit in die Mittagszeit hinein (Hunger!)?
Sind die Zuhörer vielleicht schon müde?

- Gibt es Vorredner?
  Mit welchem Thema?
  Hat das Publikum schon Vorträge zu diesem Thema gehört – wann und von wem?

- Welche Kleidung sollen Sie wählen?
  Denken Sie daran, alle Augen sind auf Sie gerichtet!
  Sie müssen sich wohlfühlen, die Kleidung sollte dem Anlass entsprechen und perfekt sitzen. Ein Ersatzhemd/Ersatzbluse empfiehlt sich, wenn vorher ein Essen (Flecken!) stattfindet oder es sehr heiß ist.

- Einleitungs- und Schlusssatz sowie die drei Hauptpunkte bilden das Grundgerüst Ihrer Rede.
  Legen Sie in Ihrer Vorbereitung besonders viel Wert auf eine gute Ausarbeitung dieser Elemente. (siehe Kapitel 4, Seite 122 und 129)

„Eine Rede ist wie eine Liebesaffäre: Jeder Dummkopf kann sie beginnen; sie zu beenden erfordert jedoch einige Geschicklichkeit."

Lord Mancroft

Nehmen Sie sich Zeit für die Vorbereitung. Eine gute Vorbereitung verleiht Ihnen Sicherheit und beugt unnötigem Stress vor. Selbst für erfahrene Redner ist es ein Alptraum, wenn sie auf dem Weg zum Termin plötzlich bemerken, dass sie sich gar nicht darum gekümmert haben, ob der Overheadprojektor, der für die Darstellung der Skizzen von größter Bedeutung ist, überhaupt verfügbar ist, sie vielleicht nicht wissen, wie viel Zeit ihnen zugestanden wird oder ob ihr stärkster Konkurrenz vor ihnen sprechen soll. Wenn Sie sich optimal vorbereitet haben und dennoch etwas schief läuft, bringt Sie das nicht gleich aus der Fassung.

Checkliste: Vorbereitung einer Rede

✔ Klare Definition des Ziels der Rede

✔ Wissensstand und Sprache des Publikums

✔ Zugang zum Herzen finden

✔ Anlass

✔ Unterlagen und Hilfsmittel

✔ Zeit (Redezeit/Tageszeit)

✔ Kleidung

Kapitel 3 Hilfsmittel der Rhetorik

Körpersprache, Stimme und Augen einsetzen

Wir wissen, wohin wir wollen, wir haben unsere Vorbereitungen für die Rede getroffen und wollen uns nun damit befassen, wie wir unsere Argumente am erfolgreichsten vortragen, unsere Visionen am besten vermitteln können. Dazu haben wir Körpersprache, Stimme und Augen, die wir gezielt für unseren Zweck einsetzen können. Alle großen Persönlichkeiten hatten auch nicht mehr als dies.

Wie Sie erfahren, was in anderen Menschen vorgeht

Die Kunst, richtig mit Menschen umzugehen, setzt voraus zu wissen, was in ihnen vorgeht. Was beschäftigt Ihre Mitarbeiter, was denken Ihre Kollegen, was fühlt Ihre Frau? Erst wenn Sie das wissen, können Sie Ihre Mitmenschen innerlich erreichen. Wie aber soll man wissen, was im Kunden, im Chef oder in der Sekretärin vorgeht? Schließlich kann man nicht immer ganz offen danach fragen. Und das brauchen Sie letztlich auch nicht, wenn Sie eine ganz neue Sprache lernen – die Sprache des Körpers.

3.1 Der Körper lügt nicht – Körpersprache von A bis Z

Die Sprache der Seele

Kommunikation funktioniert nicht nur auf der intellektuellen Ebene, sondern – und zwar zum Großteil – über die Botschaften, die nonverbal auf der körperlichen Ebene übermittelt werden. Der Körper spricht die Sprache der Seele und er spricht sie ziemlich deutlich. Das Problem ist, dass nur wenige Menschen diese Sprache zu deuten verstehen, weil wir vor allem auf Worte fixiert sind, uns an Worte halten und an sie glauben. Aber wie oft haben wir uns schon getäuscht, weil wir einen wesentlichen Aspekt – die Körpersprache – übersehen haben. Der Körper sagt oft mehr als Worte.

Nach wissenschaftlichen Untersuchungen werden nur 8 Prozent der Eindrücke über die Worte, 23 Prozent über die Betonung, aber 69 Prozent über die Körpersprache wahrgenommen.

Deshalb wollen wir uns an erster Stelle mit der Körpersprache befassen. Ich will Ihnen einen kleinen Leitfaden an die Hand geben, mit dem Sie diese Sprache lernen können.

Der erste Eindruck entsteht in 7 Sekunden

Der erste Eindruck entscheidet und das geht schnell. Nur sieben Sekunden dauert es, bis sich ein festes Bild eingeprägt hat – bei Ihnen und bei Ihrem Gegenüber, und dabei ist noch nicht einmal ein Wort gefallen! So wie wir blitzschnell einen Eindruck von einem Menschen bekommen, den wir zum ersten Mal sehen, macht man sich auch von Ihnen ein bestimmtes Bild. Wenn Sie wissen wollen, wie Sie auf andere Menschen wirken, sollten Sie folgende Fragen kurz und klar beantworten können:

- Wie sehen Sie sich?
- Wie sehen die anderen Menschen Sie?
- Stimmt Ihre Selbsteinschätzung mit dem Eindruck überein, den andere von Ihnen haben?

Übung: Wie schätzen Sie sich selbst ein?
Nennen Sie die drei Haupteigenschaften, die Ihrer Meinung nach Ihre Persönlichkeit ausmachen? Halten Sie sich für einen dynamischen, erfolgsorientierten Menschen? Würden Sie sich als lebhaften oder eher ruhigen Typ beschreiben? Sind Sie selbstbewusst?

Übung: Wie werden Sie eingeschätzt?
Wie urteilen Kollegen, Vorgesetzte, Mitarbeiter, Partner/in, Freunde über Sie? Welche Haupteigenschaften werden Ihnen zugeschrieben? Wie beschreibt man Sie im Kollegen-, Freundeskreis, in der Familie, bei Kunden?

Selbst- und Fremdeinschätzung

Machen Sie eine Meinungsumfrage. Vergleichen Sie Ihre eigenen Aussagen mit diesen Ergebnissen. Gibt es große Unterschiede in der Einschätzung Ihrer Person, eventuell auch zwischen Privat- und Berufsbereich? Wenn eine große Diskrepanz besteht zwischen Ihrem Bild von sich und dem Ihrer Mitmenschen, dann sollten Sie der Sache auf den Grund gehen:

– Haben Sie vielleicht doch ein falsches Bild von sich?

- Warum sehen andere Menschen Sie anders?
- Welche Signale senden Sie aus?
- Welche Sprache spricht Ihr Mund und welche Aussage macht Ihr Körper?
- Wie steht es mit Übereinstimmung von Worten und Gesten?
- Kennen Sie überhaupt Ihre Körpersprache?

Vielleicht bitten Sie Freunde einmal, Sie mit einer Videokamera bei verschiedenen Gelegenheiten aufzunehmen. Dann fällt es Ihnen sicher leichter, eine Antwort auf obige Fragen zu erhalten.

So wirken Sie überzeugend

Wenn Sprache, Stimme, Inhalt des Gesagten und Körpersprache übereinstimmen, dann können Sie überzeugen, dann wirken Sie stimmig. Der Körper lügt nicht – dieses Wissen ist tief in jedem Menschen verankert, ob er sich dessen bewusst ist oder nicht. Und weil der Körper nicht lügt, können wir uns recht gut auf ihn verlassen – und das tun wir alle, und zwar ganz unbewusst.

Beispiel:
Stellen Sie sich vor, Sie müssten einen Assistenten einstellen. Bewerber Müller ist gut gekleidet, sehr gepflegt, zielstrebig geht er auf Sie zu. Seine Körperhaltung ist aufrecht, sein Rücken gerade, die Arme hängen locker herunter, sein Blick ist auf Sie gerichtet. Mit einem Lächeln reicht er Ihnen die Hand, seine Händedruck ist fest.
Bewerber Meier ist ebenfalls gut gekleidet und gepflegt. Allerdings kommt er etwas zögerlich ins Zimmer, blickt schnell nach rechts und links, bevor er sich Ihnen nähert. Sein Blick weicht Ihnen etwas aus, sein Händedruck ist eher lasch. Er setzt sich hin, rutscht aber bei Ihrer ersten Frage etwas nach vorn und seine linke Hand umklammert die Stuhllehne.

Was Arm- und Handhaltung verraten

Wären dies die einzigen Kriterien, würden Sie sicherlich Bewerber Müller einstellen, denn er strahlt Sicherheit, Dynamik und Zielstrebigkeit aus, während Herr Meier unsicher ist und einen wenig durchsetzungsfähigen Eindruck hinterlässt. Auf was also kommt es an?

Arme und Hände

Der Botschafter kommt mit offenen Händen.

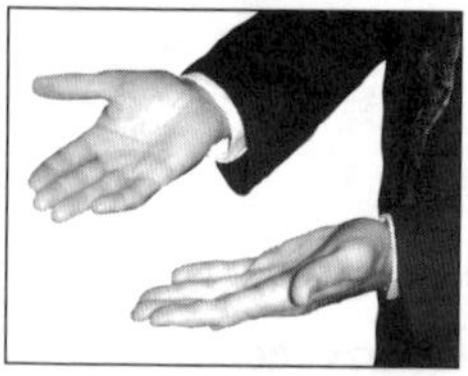

Was tun Sie mit Ihren Händen, wenn Sie sprechen? Verstecken Sie sie in den Hosentaschen, gestikulieren Sie mit den Händen, ballen Sie sie vielleicht zu einer Faust? Hände sagen viel aus über einen Menschen. Wer seine Hände versteckt, hat etwas zu verstecken, wer seine Hände offen zeigt, ist offen für den Gesprächspartner. Die Arme halb erhoben, die Handflächen dem Gesprächspartner zugewandt ist eine Begrüßungsform, die eine deutliche Sprache spricht: „Ich bin offen für dich, ich habe keine Waffen in der Hand, ich führe nichts Böses im Schilde.“

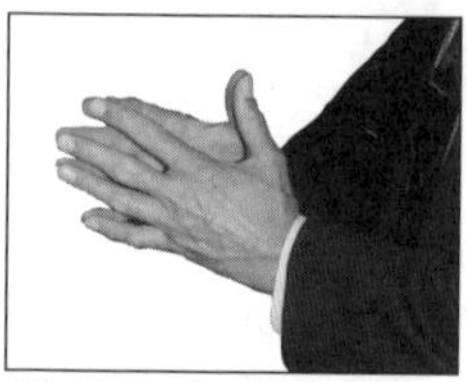

Die Fingerkuppen berühren sich. Ein Zeichen für Sensibilität und Aufnahmebereitschaft.

Aus der Mitte heraus gewinnen.

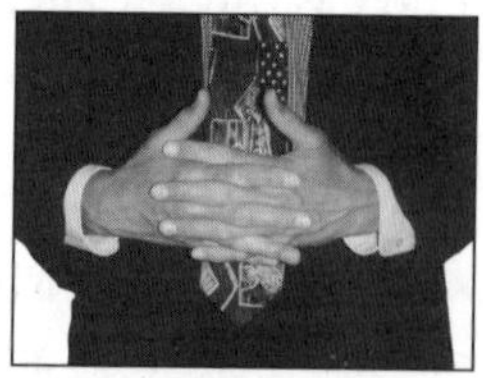

Erst einmal abwarten.

Wenn die Arme schlaff herunterhängen: ein Zeichen von Phlegma. Es fehlt an Engagement, Freude, Begeisterung.

Die „Windsor-Haltung“. Ich muss mich heraushalten, mir sind die Hände gebunden.

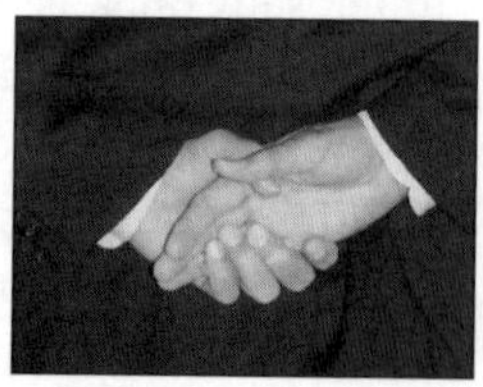

Der Kugelschreiber baut eine Barriere auf: Ich lasse dich nicht an mich heran.

Der dominante Daumen

Eine besondere Stellung hat der Daumen. Sie kennen die Redeweise, dass man auf etwas „den Daumen drauf" hat. Der Daumen ist der „*Druck-Finger*" (Druckmittel) und steht für Macht und Dominanz. Mit dem aufgerichteten Daumen signalisiert man heute weltweit das Okay. Ist der Daumen eingezogen, dann lässt das auf einen Menschen mit schwachem Willen und wenig Energie schließen.

Daumen nach oben – das Zeichen des Optimisten.

Die Faust ist ein Zeichen der Kraft, der Energie, des Durchsetzungsvermögens. Der Daumen liegt hier auf dem Mittelfinger.

Wer seinen Daumen versteckt, versteckt sich. Ein Zeichen von Angst und Unsicherheit.

Der Zeigefinger

Der Zeigefinger dient (unbewusst) oft als Waffe, als ein Pfeil, mit dem man auf den Gegner zielt. Aber Achtung: Ein „toter" Kunde erteilt keine Aufträge mehr!

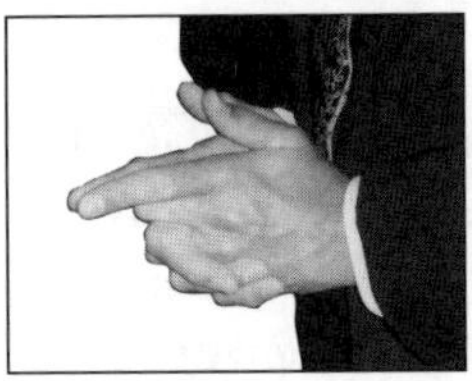

Am liebsten möchte ich Sie abschießen.

Der belehrende Zeigefinger. Ich weiß alles viel besser.

Trainieren Sie Ihre Beobachtungsgabe

Beobachten Sie die Hände unserer Politiker, wenn sie eine Rede halten, wenn sie Staatsmänner empfangen, wenn sie sich für das gemeinsame Foto aufstellen. Steckt eine Hand in der Hosentasche? Ist es die linke – die Gefühlshand – oder die rechte Hand? Was sagen die Hände über die momentane Verfassung, über die Stimmung des Betreffenden aus? Oder: Was macht Ihr Kunde mit seinen Händen, während Sie ihm das neueste Produkt vorstellen? Liegen sie ruhig und entspannt auf der Tischplatte/Stuhllehne? Sind seine Hände und Arme eng an seinem Körper positioniert oder nimmt er viel Raum ein? Liegen seine Hände weit auseinander auf dem Schreibtisch oder eher eng? Bewegt er seine Finger unruhig, bewegt er die Hände ständig, rückt ein Blatt Papier zurecht, spielt mit dem Kugelschreiber, kratzt sich im Gesicht …? Was sagen seine Hände über seine Gedanken? Ist Ihr Kunde auf Sie und das, was Sie sagen, konzentriert oder ist er mit seinen Gedanken beim nächsten Termin?

Beobachten Sie sich selbst genau. Was stellen Sie mit Ihren Händen an – bei einer Konferenz, beim Geschäftsessen, wenn Sie sich wohl, unbehaglich, in die Enge getrieben fühlen?

Augen und Mund

Das Gesicht verrät Einstellungen und Erfahrungen eines Menschen

Lächelnde Augen (siehe auch Seite 97) und ein lächelnder Mund haben eine hohe Überzeugungskraft. Wenn Gedanken und Worte übereinstimmen, können wir unseren Gesprächspartner am besten erreichen, denn wir sprechen die emotionale und intellektuelle Ebene gleichermaßen an. Der Ausdruck des Gesichtes wird stark von den Augen und dem Mund bestimmt. Die *Erfahrungen,* mehr aber noch die *Einstellung* eines Menschen, kann man von seinen Gesichtszügen ablesen wie von einer Landkarte. Sehr schön hat das *Albert Schweitzer* formuliert:

„Mit zwanzig hat jeder das Gesicht, das Gott ihm gegeben hat, mit vierzig das Gesicht, das das Leben ihm gegeben hat, und mit sechzig das Gesicht, das er verdient."

Schauen Sie einmal etwas genauer in die Gesichter Ihrer Mitmenschen, betrachten Sie Ihr Spiegelbild. Sind es Lachfältchen um die Augen oder sind diese Falten durch einen verkniffenen Blick entstanden? Zeigen die Mundwinkel nach unten, weil wir überall nur Negatives sehen, oder ist der Mund Ausdruck einer lebensfrohen Einstellung? Sind die Lippen schmal und verkniffen? Lachen wir oft oder üben wir eher Kritik? Oder lächelt nur Ihr Mund während Ihre Augen schmäler werden, weil Sie sich innerlich ärgern, es aber nicht sagen wollen? Verkauft Ihr Mund lobend die Vorzüge des neuen Produktes, von dem Sie in Wahrheit überhaupt nicht überzeugt sind? Die Diskrepanz zwischen Ihren Worten und Ihrem Blick wird Ihr Gesprächspartner wahrnehmen – möglicherweise nicht bewusst, aber ganz sicher im Unterbewusstsein.

Distanzzone

Introvertierte und extrovertierte Menschen empfinden unterschiedlich

Auch der Abstand zwischen zwei Menschen ist ein wichtiges Element der Körpersprache. Jeder Mensch hat eine individuelle *Intim-Distanz.* Der eine fühlt sich unwohl, wenn jemand näher als 80 Zentimeter an ihn herankommt, einem anderen macht es gar nichts aus, wenn man ihm „auf die Pelle" rückt. Er berührt gern seinen Gesprächspartner, legt ihm zustimmend die Hand auf den

Arm, klopft ihm auf die Schulter. Für ihn ist das Ausdruck von Zustimmung, Übereinstimmung und Sympathie. Für einen etwas introvertierteren Menschen können solche Gesten abschreckend wirken und ihn zum Zurückweichen veranlassen. Der eine reagiert äußerst positiv auf die körperliche Nähe, empfindet dies als ein Kompliment, eine Auszeichnung, der andere möchte nur noch weg, kann kaum seinen „Flucht-Trieb" unterdrücken.

Grundregel

Als Grundregel in puncto Abstand gilt, dass es nie falsch ist, wenn Sie *eine Armlänge* Abstand (Intim-Distanz) von Ihrem Gesprächspartner halten. Sollte Ihr Gesprächspartner mehr Nähe mögen, kann er sich Ihnen jederzeit annähern – das sollte aber ausschließlich ihm überlassen bleiben. So mancher Chef glaubt, er dürfe die Tabuzone durchbrechen, um damit seine persönliche Macht einem Angestellten gegenüber zu demonstrieren. Der Mitarbeiter macht innerlich zu, weicht immer mehr zurück, ja sogar Aggression kann dadurch ausgelöst werden. Mancher Vertreter meint, seinen Kunden eher überzeugen zu können, wenn er ihm die Argumente nicht nur verbal, sondern auch körperlich „nahelegt". Misserfolg ist vorprogrammiert, denn in Bedrängnis und einem Gefühl des Unbehagens kauft niemand. Nur in der Liebe ist das anders – da kann es nicht eng und nah genug sein.

Der europäische Distanzabstand: Nie näher als eine Armlänge an einen Menschen heran, man verletzt sonst den Intimbereich.

Persönliche Distanzzone

Eine gewisse körperliche Nähe ist aber auch bei geschäftlichen Verhandlungen notwendig. Diese *persönliche Distanzzone* liegt im Bereich von circa einem halben bis eineinhalb Metern Abstand. Sie können auf den anderen einwirken, müssen es sogar, wenn Sie etwas erreichen wollen, aber Sie halten den Abstand ein, den die geschäftliche Beziehung erfordert.

Abstand bei einer Rede

Bei einer Rede sollte der Abstand zum Publikum etwa drei Meter betragen. Aus dieser Entfernung können Sie den Zuhörerkreis gut im Auge behalten und auch Blickkontakt mit einzelnen Menschen aufnehmen.

Entwickeln Sie ein Gefühl für den richtigen Abstand

Die Distanz ist abhängig davon, wie sensibel Ihr Gegenüber auf körperliche Nähe reagiert. Wenn Sie Ihre Gespräche mit allen Sinnen führen, bemerken Sie sofort, ob Sie sich im richtigen Abstand bewegen – ob Ihr Gesprächspartner sich eingeengt oder gar bedrängt fühlt oder ob er Ihnen zu entgleiten droht, weil Sie körperlich zu weit von ihm entfernt sind.

Kennen Sie das Verhältnis unserer Politiker zueinander? Schauen Sie auf den Abstand, den sie im Gespräch zueinander halten, und Sie werden wissen, wo innerer Konsens besteht und wo Konsens lediglich – wenn auch mit starken Worten – vorgespielt wird.

Füße und Beine

Ich lasse in meinen Seminaren die Teilnehmer gerne einen Baum zeichnen. Der Baum symbolisiert wie kaum etwas anderes die Persönlichkeit des Menschen. Was glauben Sie, welche Bäume ich zu sehen bekomme? Es gibt wundervolle Exemplare: ausladende Nadelbäume, üppige Kastanien, mickrige Eichen und sogar Bonsais.

Alle diese Zeichnungen geben Einblick in die Tiefen der Persönlichkeit. Mit viel Aufwand wird der Baum gezeichnet, es wird radiert, verändert, vergrößert, verkleinert, wahre Kunstwerke entstehen. Aber den meisten Bäumen fehlt etwas ganz Entscheidendes, ohne das sie überhaupt nicht existieren können: die *Wurzeln.* Ich frage mich, warum so viele Menschen wurzellose Bäume zeichnen. Die Wurzel – das ist das Unterbewusstsein. Ein Baum ohne Wurzeln kann nicht sehr hoch wachsen, kann sich nicht entwickeln. Er hat keinen Halt, ein leiser Windhauch bläst ihn schon um. Über die Wurzeln erhält der Baum seine Nahrung. Ein Mensch, der seine Wurzeln hat verkümmern lassen, hat keinen inneren Halt, ruht nicht in sich selbst, erhält nicht ausreichend (geistige) Nahrung.

Standfestigkeit

Die Füße sind so wichtig, weil sie das *Unterbewusstsein* und die *Standfestigkeit* eines Menschen verkörpern. Wer standfest ist, hält den Stürmen des Lebens stand. Die Füße sollten fest auf dem Boden stehen, die Beine gerade sein. Doch wie stehen viele Menschen? Mit nach hinten durchgedrückten Knien. Das macht unbeweglich und zeigt Starrköpfigkeit. Abgesehen davon, dass es nicht gerade gut aussieht, verleiht es auch keine Standfestigkeit. Wenn Sie locker mit geraden Beinen stehen, dann stehen Sie zwar fest und sicher, sind aber dennoch beweglich. Auch ein kleiner Stoß bringt Sie nicht aus der Balance. Sie können flexibel reagieren. Probieren Sie es aus, wenn Sie im Bus stehen: Was passiert, wenn Sie mit durchgedrückten Knien dastehen und der Bus plötzlich scharf bremst? Sie verlieren den Halt, können nicht flexibel reagieren, weil Ihre Beine steif und gerade – wie Säulen – stehen. Haben Sie jedoch die Knie locker, dann federn Sie ab, wanken zwar ein wenig, aber Sie haben die Situation gut im Griff.

Die Füße sprechen die Sprache des Unterbewusstsein

Haben Sie schon einmal auf Ihre Füße geachtet? Wie stehen Sie, wenn Sie mit Ihrem Chef, Ihrem Sekretär, Ihrer Kundin, Ihrer Nachbarin sprechen? Haben Sie das Gewicht auf ein Bein verlagert, wippen Sie vielleicht sogar mit den Zehenspitzen, haben Sie einen Fuß schon auf die nächste Treppe gestellt, als wollten Sie jeden Augenblick die Flucht ergreifen? Oder stehen Sie fest mit beiden Beinen auf dem Boden, das Gewicht gleichmäßig verteilt? Stehen Sie fest im Leben, oder sind Sie leicht aus der Bahn zu werfen, schnell aus der Fassung zu bringen?

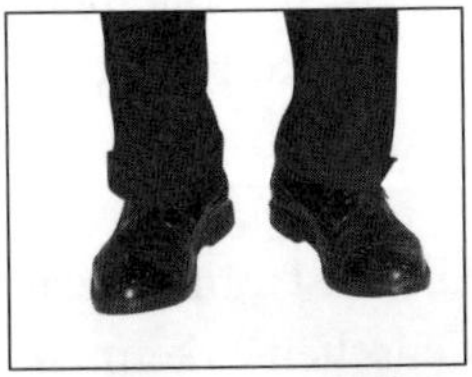

Ich bin standfest. Ich habe einen Standpunkt. Sie können sich auf mich verlassen.

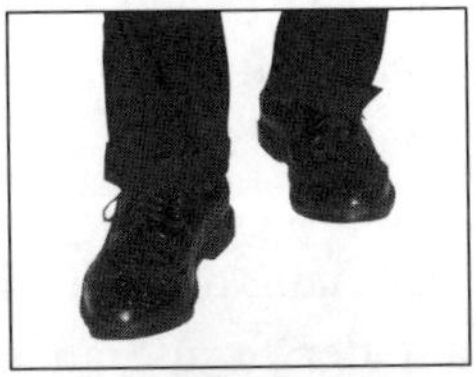

Ich fühle mich unwohl. Am liebsten würde ich davonlaufen.

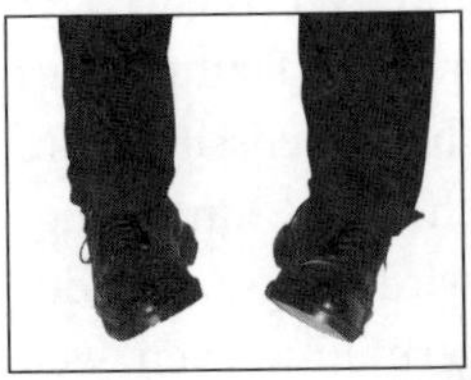

Kein Bodenkontakt: ein Zeichen für Angst, Hemmungen, Verlegenheit und Minderwertigkeitskomplexe.

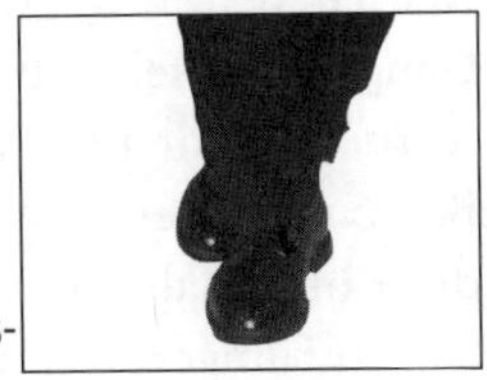

Halbherzigkeit, ich weiß nicht genau, was ich will, bin unentschlossen.

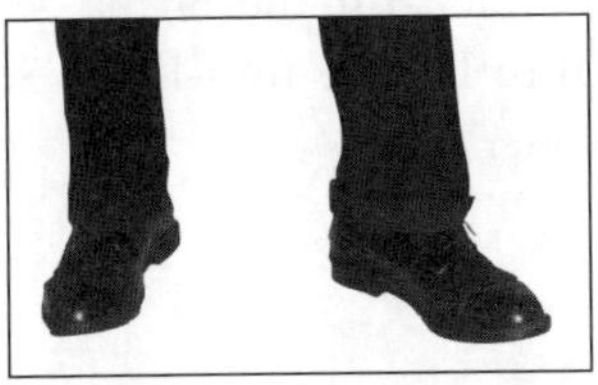

Mit einem Bein bin ich noch bei Ihnen, mit dem anderen Bein bin ich schon woanders.

Während Sie diese Zeilen lesen, werfen Sie doch einmal einen Blick nach unten – auf Ihre Füße. Ich gehe davon aus, dass Sie auf einem Stuhl sitzen. Haben Sie vielleicht die Füße umeinander geschlungen? Haben Sie einen Fuß unter den Schreibtisch geklemmt? Was sagen Ihre Füße über Sie aus? Leben Sie aus Ihrer Mitte? Haben Sie einen Schwerpunkt?

Gang

Der Gang weist auf das aktuelle Lebensgefühl

Kleine Schritte oder große Schritte, festes oder leichtes Auftreten, ein zielstrebiger oder wankender Gang? Was sich in der Art des Ganges ausdrückt, ist die *augenblickliche Verfassung* und Lebenssituation. Sie werden kaum einen erfolgreichen Manager wie einen alten Mann daherschleichen sehen. Im Gang zeigt sich die Energie, mit der ein Mensch sein Leben anpackt. Ist der Gang federnd und leicht oder hört man Sie, bevor man Sie sieht? Heben Sie die Füße beim Gehen, achten Sie auf Ihren Weg oder stolpern Sie durchs Leben, weil Sie nicht genau hinsehen, vielleicht mit Ihren Gedanken ganz woanders sind?

Der Gang und die Haltung des Körpers lassen uns sogar auf der Straße an völlig fremden Menschen erkennen, wer zu den Erfolgreichen gehört und wer nicht. Der Gang zeigt mehr über die momentane, die Haltung des Körpers mehr über die grundsätzliche Lebenssituation. Bei einer Beerdigung verändert sich nicht unbedingt die Körperhaltung, aber der Gang wird langsamer, der Schritt ruhiger. Wenn Sie zum Chef gerufen werden, weil Sie einen Großkunden für die Firma gewonnen haben, zeigt Ihr Gang Ihre Freude und Ihren Stolz; Ihr Schritt ist schnell und voller Elan.

Händedruck

Ein fester Händedruck zeugt von Entschlossenheit

Ein fester Händedruck – ein entschlossener Mensch. Wir haben sofort Vertrauen zu einem Menschen, der unsere Hand ohne Zögern ergreift und mit einem entschlossenen Druck sagt: Hier bin ich, du kannst dich auf mich verlassen. Ein lascher Händedruck lässt auf eine schwache Persönlichkeit schließen. Ein solcher Mensch hat nicht so viel Kraft – oder will seine Kraft nicht einsetzen.

Auf jeden Fall sind wir nicht von ihm überzeugt. Aber Achtung: Zu viel Druck tut weh – und schreckt ab.

Wen begrüßen die Augen?

Doch nicht allein der Händedruck ist entscheidend. Wohin sind die Augen gerichtet, während wir jemanden begrüßen? Schauen wir unserem Gegenüber in die Augen, ist unsere Aufmerksamkeit auf ihn gerichtet. Oder schütteln wir nur aus sogenannter Höflichkeit die Hand, während unser Blick auf eine für uns interessantere Person gerichtet ist? Im Fernsehen sehen wir das oft, wenn sich Politiker, Schauspieler oder Sportler begrüßen. Dies ist nicht ein kleiner Fauxpas, sondern ein Affront, mit dem in einem Augenblick viel kaputtgemacht wird. Die Aussage ist deutlich: „Meine Gedanken sind nicht bei dir, sondern bei jemandem, der mir wichtiger ist."

Körperhaltung

Aufrechter Körper – aufrechter Geist

Ein aufrechter Körper zeigt einen aufrechten Geist. Eine gewisse Spannung muss da sein, denn sonst würden wir gebückt durchs Leben kriechen. Wieviel Spannung ist in Ihrem Körper? Ist das eine kraftvolle Spannung oder ist es Anspannung, Verspannung, die zur Verkrampfung führt? Stellen Sie sich einmal vor einen Spiegel und betrachten Sie Ihre Körperhaltung. Was drückt sie aus? Dynamik, Überlastung, eine positive oder eine negative Lebenshaltung?

Tragen Sie die Nase nicht zu hoch!

Halten Sie Ihren Kopf hoch, aber nicht zu hoch, sonst wirken Sie hochnäsig und überheblich. Wie steht es mit Ihren Schultern? Neigen Sie zu Verspannung im Schulter-Nackenbereich? Dann sind Sie zu angespannt, ziehen Sie die Schultern hoch, sind gestresst. Oder hängen Ihre Schultern nach vorn, ist Ihre Körperhaltung leicht

gebeugt? Welche Last drückt Sie so nieder? Welche Sorgen lasten auf Ihren Schultern?
Werfen Sie auch einen Blick auf Ihre Beine und Füße!
Was sagt Ihre Körperhaltung über Sie aus? Wie, glauben Sie, wirkt Ihre Körperhaltung auf fremde Menschen?

Oberkörper und Brust

Die richtige Atmung

Wenn wir tief einatmen dehnt sich der Oberkörper, gibt uns Kraft und Ruhe; bei einer flachen Atmung verlieren wir an Kraft, sinkt der Oberkörper in sich zusammen. Deshalb ist für eine gute Körperhaltung auch *richtiges Atmen* wichtig. Praktizieren Sie mein *psychogenes Stimm- und Atemtraining* („Ein positiver Tag beginnt", siehe Literatur Seite 180) und Ihre Haltung wird sich verbessern. Mit zusammengesunkenem Oberkörper kann niemand richtig Luft holen. Wenn die Lungen nicht mit Sauerstoff gefüllt sind, dann fehlt Ihnen auch die Luft zum richtigen Sprechen, Energie kann nicht frei fließen.

Übung

Stellen Sie sich einmal vor einen Spiegel. Was sagt die Haltung Ihres Oberkörpers über Sie aus? Richten Sie Ihre Wirbelsäule auf, indem Sie aus dem entspannten Stand Spannung in Ihren Rücken bringen und dann einen Wirbel nach dem anderen aufrichten – so als ob oben an Ihrer Schädeldecke ein unsichtbarer Faden befestigt wäre, an dem man Sie hochzieht. Spüren Sie, wie Ihr Körper sich dabei – trotz Spannung – entspannt, wie Sie vielleicht sogar einen Zentimeter größer werden? Nun betrachten Sie sich noch einmal. Was strahlen Sie jetzt aus?

Ein zugewandter Oberkörper zeigt Interesse

Wird der Oberkörper dem Gesprächspartner zugewandt und besteht Blickkontakt, dann können Sie davon ausgehen, dass Interesse an dem Thema vorhanden ist, das gilt besonders, wenn der Oberkörper leicht nach vorn geneigt ist. Ein vorgeneigter Oberkörper kann aber auch Angriff anzeigen: „Ich gehe in die Offensive." Lehnt sich Ihr Gesprächspartner auffällig nach hinten, dann signalisiert dies Desinteresse und inneren Rückzug.

Decoder Körpersprache

Auf widersprüchliche Zeichen achten

Um einen optimalen Nutzen aus dem nachfolgenden Decoder ziehen zu können, sollten Sie beherzigen, dass eine oder zwei körpersprachliche Aussagen nicht ein umfassendes Bild vermitteln. Oft sehen wir widersprüchliche Zeichen: Die gute Arbeit wird gelobt, aber im gleichen Augenblick streicht der Chef mit den Händen über den Tisch (wischt die Ergebnisse weg!). Der Kunde schüttelt freundlich die Hand des Verkäufers, steckt aber zugleich die linke Hand in die Hosentasche. Warum zieht er sich (emotional) zurück? Steht er doch nicht ganz hinter seiner Bestellung, ist sogar mit einer eventuellen Stornierung zu rechnen?

Der Gesamteindruck ist entscheidend

Wir sollten uns auf jeden Fall davor hüten, aus einzelnen körpersprachlichen Signalen falsche Schlüsse zu ziehen. Entscheidend ist immer der *Gesamteindruck*. Wenn Ihr Gesprächspartner ständig mit den Fingern auf den Tisch trommelt, dann kann das natürlich ein deutlicher Hinweis auf Nervosität, Zeitnot oder auch Desinteresse sein. Ebenso gut kann es aber auch nur eine schlechte Angewohnheit sein. Je länger und besser Sie jemanden kennen, desto leichter können Sie seine Körpersprache „decodieren".

Körpersprache vertrauter Menschen bewusst machen

Schauen Sie Menschen, die Ihnen nahe stehen, einmal mit anderen Augen an, achten Sie auf Mimik und Gestik. Woran erkennen Sie, dass Ihre Frau verärgert ist, dass Ihr

Sohn schon wieder flunkert, Ihr Vater Probleme hat. Menschen, mit denen Sie zusammenleben, kennen Sie so gut, dass Sie unbewusst auf deren Körpersprache reagieren. Machen Sie sich bewusst, welche Signale Sie aussenden und worauf Sie reagieren. Wenden Sie dieses Wissen bei Ihren Gesprächspartnern an.

Körpersprachliches Signal	**Bedeutung**
Hochziehen einer Augenbraue	Ungläubiges Staunen, auch Arroganz, Überheblichkeit
den Gesprächspartner nicht richtig anschauen	Unsicherheit, Unehrlichkeit, auch Konzentration auf die Sache
Blickkontakt	Interesse, ist offen für die Argumente
Brille abnehmen	Nervosität, will Zeit gewinnen, ist anderer Meinung, sagt es aber nicht
Öffnen des Jacketts	Entspannung
linke Hand in der Hosentasche	Gefühle werden verborgen
Arme hinter dem Kopf verschränkt	Imponiergehabe, aufplustern, seht her, ich bin stark
Oberkörper weit im Sessel zurücklehnen	Ablehnung, Rückzug, kann aber auch Entspannung sein
Oberkörper weit nach vorne legen	Anspannung, ist anderer Meinung, will den Redefluss stoppen
Oberkörper dem Gesprächspartner zugewandt	Zustimmung, Sympathie, Offenheit
Oberkörper abgewandt vom Gesprächspartner, obwohl Blickkontakt	Ablehnung, andere Meinung, kein innerer Konsens
Beine übereinandergeschlagen, Füße in Richtung Gesprächspartner	Kontaktaufnahme, Zugehen auf den anderen
Beine übereinandergeschlagen, Füße weg vom Gesprächspartner	Verschlossenheit, Ablehnung
Arme verschränkt	Ablehnung, Selbstschutz, Unsicherheit
Arme breit auf den Tisch gelegt, weite Armbewegungen	Sicherheit, Machtwille, Selbstbewusstsein
Arme und Beine eng nebeneinander	Unsicherheit, Ängstlichkeit

Wenn Daumen und Zeigefinger (in Form einer Pistole) zusammengelegt auf den Gesprächspartner gerichtet sind	sich mit Gewalt durchsetzen wollen (vgl. Foto 11, Seite 73)
Gefaltete Hände	Abwehr, Barriere, aber auch Sammeln eigener Kräfte
Mit der Hand über die Stirn streichen	„Abwischen" von unerwünschten Gedanken oder Vorstellungen
Hand zum Mund	man darf etwas nicht sagen, nichts darf herausrutschen oder man will das Gesagte zurücknehmen
Finger an den Lippen	Unsicherheit, aber auch konzentriertes Überlegen
kurz an die Nase fassen	häufig ein Indiz für Lügen
die Nase reiben	Nachdenken, Überlegen, Zeit gewinnen wollen
Hand zum Ohr	Erstaunen, Ungläubigkeit: Ich habe doch nicht richtig gehört, oder?
Handflächen seitlich am Kopf	Ich will nicht sehen, was außerhalb geschieht – Scheuklappen!
sich auf die Lippen beißen	Nachdenken, Zeit gewinnen wollen
das Kinn streicheln	Selbstgefälligkeit, kann aber auch Nachdenklichkeit symbolisieren
die Stirn runzeln	ungläubiges Erstaunen, Nachdenken
Hände auf den Rücken legen	mir sind die Hände gebunden, ich möchte mich heraushalten
Heben des Zeigefingers	Belehrung oder auch Tadel
Füße um Stuhlbeine schlingen	Halt suchen, Unsicherheit, Unbehagen
Füße nach hinten nehmen	sich zum Absprung bereit machen

3.2 Die Stimme – Ausdruck der Persönlichkeit

Die Stimme ist unser Personalausweis

Die Stimme bringt es an den Tag! Mit Worten können wir lügen, nicht aber mit unserer Stimme. Die Stimme ist der Personalausweis, den wir immer und überall präsentieren. Unsere Stimme zeigt, wessen Geistes Kind wir sind. Der Klang Ihrer Stimme verrät, ob Sie von sich und Ihrer Meinung überzeugt sind, ob Sie sich gut fühlen oder nicht, ob Sie in sich ruhen, nervös sind, unter Zeitdruck stehen, ob Sie dynamisch oder phlegmatisch sind. Ihr Stimme offenbart Ihr Innerstes. Auch wenn Ihr Mund sagt: „Es geht mir ausgezeichnet", wird Ihre Stimme Sie verraten, wenn dem nicht so ist. Haben Sie sich das jemals bewusst gemacht?

Wie wirken Stimmen auf Sie?

Welche Menschen haben Ihrer Meinung nach eine angenehme, sympathische, eine überzeugende Stimme? Nennen Sie spontan sechs Namen. Das kann der Nachrichtensprecher, eine Schauspielerin, ein Politiker, Ihr Freund oder auch Ihr Nachbar sein. Was gefällt Ihnen besonders an diesen Stimmen? Analysieren Sie die Stimmen, die Sie ansprechen. Notieren Sie auch einmal, welche Stimmen Ihnen nicht gefallen, Sie nicht ansprechen. Sind die Stimmen flach oder ohne Emotionen, ohne Höhen und Tiefen, klingen sie gedrungen?

Wie gut kennen Sie Ihre eigene Stimme?

Vielleicht fällt Ihnen dies leichter, wenn Sie zuerst einmal Ihre eigene Stimme bewusst hören, sich Zeit nehmen, um Ihre Stimme wirklich kennen zu lernen. Wissen Sie, dass die meisten Menschen ihre eigene Stimme noch nie richtig gehört haben? Sicher hören Sie Ihre Stimme, wenn Sie reden. Aber haben Sie schon einmal auf die *Tonhöhe,* das *Volumen,* das *Timbre* Ihrer Stimme gehört? Haben Sie sich selbst zugehört? Bemerken Sie, wie Ihre Stimme sich verändert – je nach dem mit wem Sie sprechen?

Zeichnen Sie Ihre Stimme auf Kassette auf

Am besten nehmen Sie Ihre Stimme einmal auf Kassette auf. Erschrecken Sie nicht, wenn Ihre Stimme sich auf dem Band anders anhört, als wenn Sie sich sprechen hören. Ich schlage Ihnen vor, zuerst einmal ein Telefongespräch aufzunehmen, denn dabei hören Sie nur sich selbst. Sie hören dabei nicht nur Ihre Stimme, sondern bemerken vielleicht erst jetzt, wie oft Sie Ihren Gesprächspartner unterbrechen, wie schroff Sie sind oder wie unecht Ihre Stimme klingt, wenn Sie eine Meinung äußern, hinter der Sie nicht stehen. Sie hören auch, welchen Unsinn Sie manchmal erzählen, bemerken Sprechunarten, wie „hmm", „hä" oder schlechte Angewohnheiten, wie jeden Satz mit Floskeln wie „nicht wahr" zu beenden. Die meisten Menschen, die sich zum ersten Mal selbst bewusst zuhören, sind zunächst befremdet.

Später sollten Sie ruhig auch ein Gespräch mit anderen Menschen aufzeichnen, allerdings nur, wenn Ihre Gesprächspartner damit einverstanden sind. Dann können Sie Ihre Stimme im Zusammenklang mit den Stimmen anderer Menschen, bei der Diskussion, beim Verkauf oder in einer lustigen Runde hören. Was empfinden Sie dabei? Sie können an diesen Aufzeichnungen erkennen, wer das Gespräch führt, wer diszipliniert ist, wer richtig zuhört, wer wen überzeugt etc.

Untersuchungen belegen, wie wichtig eine gute Stimme ist

Untersuchungen in der Schweiz haben ergeben, dass Kinder, die singen – also ihre Stimme trainieren – besser motiviert sind als Kinder, die nicht singen, und dass sie ein stärker ausgeprägtes Selbstbewusstsein haben. In den USA haben Studien ergeben, dass eine gute Stimme für den geschäftlichen Erfolg mehr Ausschlag gibt als gute Verkaufsargumente: 38 Prozent fallen auf die Stimme und nur 7 Prozent auf die Argumente. Und in Liebesangelegenheiten ist das nicht anders … Die hohe Stimme signalisiert Unsicherheit und Angst, eine tiefe Stimme strahlt Ruhe und Sicherheit aus.

Fragebogen: Stimme

- Stimmen bei Ihnen Stimme und Worte überein?
- Ist es stimmig, was Sie sagen?
- Wie klingt Ihre Stimme?
- Wie gefällt Ihnen Ihre Stimme? Sympathisch? Zu hell, zu tief?
- Wie ist die Sprechgeschwindigkeit, der Tonfall?
- Geht Ihnen beim Sprechen die Luft aus?
- Hören Sie sich atmen?
- Wie ist Ihre Stimme, wenn Sie gut gelaunt, verärgert oder überrascht sind?
- Wie klingt Ihr Lachen?
- Sind Sie von Ihren eigenen Worten überzeugt?
- Haben Sie den Eindruck, dass Ihre Stimme zu Ihnen passt, Ihrer Persönlichkeit, Ihrer Position entspricht?
- Können Sie an Ihrer Stimme erkennen, wie Sie sich fühlen?
- Sind Sie mit Ihrer Stimme zufrieden?

Die Wahrnehmung schärfen

Wenn Ihre Antworten nicht so positiv ausfallen, sollten Sie sich nicht weiter grämen. Die meisten Menschen haben Probleme, ihre eigene Stimme zu akzeptieren. Doch was bedeutet das? Ein Mensch, der seine eigene Stimme nicht mag, mag einige Aspekte seiner Persönlichkeit nicht. Das ist bedenklich, lässt sich jedoch ändern! So wie Ihr Gesprächspartner aus Ihrer Stimme heraushört, was wirklich los ist, können auch Sie über die Stimme Ihres Gesprächspartners erfahren, in welcher Verfassung er ist. Leider achten viel zu wenige Menschen auf die Stimme. Es könnte eine Menge Zeit und Energie gespart werden, viel Ärger ließe sich vermeiden, würden wir genauer hinhören. Häufig kann man schon an der Stimme erkennen, dass der Kunde heute garantiert nicht bestellen will, die Sekretärin Ihre Bemerkung richtig übel genommen hat und der neue Mitarbeiter lange nicht so viel weiß und so viel Erfahrung hat, wie er behauptet. Hätten wir herausgehört, dass der Chef verstimmt ist, hätten wir nicht ausgerechnet heute von einer Gehaltsaufbesserung gesprochen.

Übungen

Eine gute Übung ist es, Filme, Reden, Diskussionen im Fernsehen anzuschauen – allerdings ohne Ton. Können Sie erkennen, was geschieht, wer welche Rolle spielt, welche Gefühle vorherrschend sind?

Umgekehrt: Setzen Sie sich vor den Fernseher, bitten Sie einen Familienangehörigen oder einen Freund, eine Sendung einzustellen. Bevor die Sendung gewählt wird, schließen Sie die Augen. Hören Sie gut zu, stellen Sie sich die Menschen zu den Stimmen vor. Wie sehen Sie aus, wie bewegen Sie sich? Sind Sie Ihnen sympathisch? Stellen Sie sich ihre Berufe, ihr Alter, ihren Familienstand, ihre Hobbys, ihre Art sich zu kleiden vor? Wenn Sie glauben, sich ein gutes Bild gemacht zu haben, öffnen Sie die Augen und vergleichen Sie Ihr Bild mit der Realität.

Stellen Sie sich weiterhin vor, wie Menschen aussehen, von denen Sie nur die Stimme kennen, beispielsweise potenzielle Kunden, mit denen Sie telefonieren, der Assistent der Geschäftsführerin, den Sie noch nie gesehen haben, die Putzfrau Ihrer Freundin ... Stellen Sie sich Alter, Größe, Figur dieser Personen vor.

Sie werden feststellen, je öfter Sie diese Übungen machen, desto sicherer werden Sie in Ihrem Urteil und desto häufiger entspricht Ihre Vorstellung der Realität.

Psychogenes Stimmtraining

Stimm- und Atemtraining

Damit auch Sie Ihre Stimme optimieren können, möchte ich Sie hier mit meinem Stimm- und Atemtraining bekannt machen, das ich seit vielen Jahren mit großem Erfolg in meinen Seminaren einsetze. Ziel des Trainings ist es, Ihr Stimmvolumen zu verstärken, Ihre Tonlage zu verändern und Ihre Atmung zu verbessern. Sie können lernen, richtig zu sprechen – eindrucksvoll zu sprechen und Sie werden Ihre Stimme immer mehr mögen, sich wirklich mit ihr identifizieren können. Wenn Ihre Stimme mehr Ausdruckskraft erhält, gewinnt Ihre Persönlichkeit an Überzeugungskraft.

Wer an seiner Stimme arbeitet, arbeitet am Kern seiner Persönlichkeit.

Vorsicht vor zu viel Anstrengung

Einen wichtigen Punkt möchte ich ansprechen, bevor wir mit dem Training beginnen: *„Denn um die Stimme zu erhalten, ist nichts nützlicher als häufige Abwechslung, nichts verderblicher als eine ausgedehnte, ununterbrochene Anstrengung.“* Dies vermerkte *Cicero* 55 v. Chr. in seinem Werk „Über den Redner“. Heiserkeit, Atemnot, Schnellsprechen, Stress und ein trockner Mund sind nur einige Symptome, die bei vielen Menschen auftreten, wenn sie ihre Stimme überstrapazieren. Richtiges Sprechen geschieht ohne körperliche Anstrengung, aber mit einer geschulten Technik. Dies ist vergleichbar mit einem guten Skifahrer, der technisch top ist und dadurch viel weniger Muskelkraft benötigt als jemand, der die Technik nicht beherrscht. Am Abend ist der gute Fahrer immer noch fit und der andere ist fix und fertig und leidet am nächsten Tag an einem Muskelkater. *Gehen Sie also liebevoll mit Ihrer Stimme um.* Wer laut schreien muss, um Gehör zu finden, macht einen gravierenden Fehler. Persönlichkeiten, die etwas zu sagen haben, können mit ganz leiser Stimme sprechen – die Zuhörer hören dennoch genau zu. Eine kraftvolle Stimme ist das, was wir anstreben. Doch die Kraft liegt nicht in der Stimme (und schon gar nicht auf der Stimme), die Kraft kommt von innen, von der Persönlichkeit.

Bauchatmung

1. Beginnen wir mit der *richtigen Atmung:* der Bauchatmung. Die meisten Menschen atmen ziemlich flach, was zur Folge hat, das sie nur einen halben Liter Luft je Atemzug aufnehmen. Würden sie bis tief in den Bauch hineinatmen, könnten sie einen ganzen Liter aufnehmen. Richtige Atemprofis sind in der Lage, eine Ganzkörperatmung durchzuführen und dabei drei bis vier Liter Luft aufzunehmen. Was bewirkt die flache Atmung? Das Gehirn erhält nicht genügend Sauerstoff, die Konzentrationsfähigkeit und Leistung lassen nach, die Nerven sind schwächlich. Je tiefer Sie atmen, desto ruhiger werden Sie. Nicht umsonst wird die Tiefenatmung bei vielen Meditationstechniken praktiziert. Der Geist wird frei, alles Belastende wird ausgeatmet und losgelassen, mit jedem Atemzug wird positive Energie eingeatmet. Der Mensch wird ruhig und kann sich entspannen. Atem ist Lebensenergie, deshalb sollten wir dafür sorgen, dass wir genügend davon bekommen.

Mehr Ruhe, Energie, Wohlgefühl

Atmen Sie bewusst. Legen Sie einmal die Hand auf Ihren Bauch. Spüren Sie, wie Ihre Bauchdecke sich beim Einatmen wölbt? Wenn Sie es nicht spüren, atmen Sie zu flach, atmen Sie nur bis in die Brust. Trainieren Sie die Bauchatmung – das können Sie jederzeit und überall. Versuchen Sie, mit sechs bis sieben Atemzügen in der Minute auszukommen. So werden Sie ruhiger, belastungsfähiger, haben mehr Energie und fühlen sich rundum besser.

Stimm-Jogging

2. Kommen wir zu den *Stimmübungen.* Machen Sie sie jeden Tag mit der richtigen Atmung, am besten gleich am Morgen. Denn diese Übungen aktivieren Ihre Energien, Sie werden richtig wach und fit.

Stellen Sie sich vor einen Spiegel, atmen Sie aus, atmen Sie ein und sprechen Sie jeden einzelnen Buchstaben mit lauter Stimme – bis Ihnen der Atem ausgeht:

I – E – A – O – U

Behalten Sie diese Reihenfolge bei, da sie einer bestimmten Systematik folgt. Mit dem Buchstaben „I" beginnen wir mit der höchsten Frequenz. Legen Sie Ihre Hand auf den Kopf und Sie fühlen ein leichtes Vibrieren. Durch das Sprechen dieses Buchstabens wird der Kopfbereich besser durchblutet und mit mehr Energie versorgt. Das „E" aktiviert den Halsbereich. Wenn Sie Ihre Hände an die Kehle legen, können Sie es spüren. Das „A" mit einem weit geöffneten Mund wirkt sich positiv auf den Brustbereich aus, das „O" auf den Oberbauch. Mit dem „U" wird der untere Bauchbereich mit Energie versorgt. Sprechen Sie dreimal nacheinander diese Buchstabenkombination. Wenn Ihnen Ihre Stimme zu hell erscheint, dann sprechen Sie zusätzlich das „U" mehrmals täglich. Damit erhält Ihre Stimme eine tiefere Tonlage.

Training für Brust- und Bauchraum

3. Nun bekommt der *Brust- und Bauchraum* eine intensive Behandlung: Sie atmen aus und wieder ein. Dann summen Sie leise mit geschlossenen Lippen:

MMMM

Wenn Ihnen der Atem ausgeht, wiederholen Sie dies – allerdings mit mehr Kraft. Beim dritten Mal geben Sie noch mehr Kraft in Ihr MMMM. Spüren Sie die starke Vibration im Brust- und Bauchraum?

4. Folgende Übung gilt der Aussprache, und zwar dem *Zungen-R*. Was macht Caroline Reiber so attraktiv, warum hört man ihr so gerne zu? Weil sie eine kraftvolle, ausdrucksstarke Aussprache hat – und die hat sie dem bayerischen R zu verdanken. Aber auch Nicht-Bayern können das Zungen-R lernen: Zum Vorwärmen atmen Sie aus, dann wieder ein und dann schnarren Sie laut:

Das Zungen-R

RRRRRRRRR

Sprechen Sie laut und mit einem total übertriebenen „R" folgende Worte:

Reiben	Ihr
Rollen	wirr
Raffen	irr
Reisen	Wirren
Reigen	irren
Raster	verwirren
Bier	verirren

Wenn Sie Lust haben, können Sie die Liste mit R-Wörtern ergänzen.

5. Wir beenden dieses Training mit der *Tarzan-Übung*. Dies ist nicht nur eine Atem- und Stimmübung, sondern auch noch eine ausgezeichnete Prophylaxe gegen Erkältungen und sogar gegen Herzinfarkt. Sie werden gleich spüren, warum diese Übung so wirksam ist.

Die Tarzan-Übung

Sie atmen aus, dann atmen Sie wieder tief ein. Ballen Sie Ihre Hände zu Fäusten. Nun sprechen Sie langsam die Buchstaben der ersten Übung – und zwar in der oben angegebenen Reihenfolge. Beginnen wir also mit „I". Während Sie den Buchstaben laut aussprechen, schlagen Sie sich mit den Fäusten auf den oberen Brustansatz – nicht in Schulterhöhe oder zu nahe am Hals! Fühlen Sie sich wie Tarzan? Dann fahren Sie fort mit „E", dann das „A", das „O" und das „U".

Zwischen den einzelnen Buchstaben sollten Sie sich laut räuspern, wahrscheinlich müssen Sie sogar husten. Das ist der Schleim, der sich in Ihren Bronchien angesammelt hat und sich nun löst. Spüren Sie, dass Sie nach dieser Übung richtig frei atmen können? Spüren Sie, wie Ihr Körper sich mit Energie aufgeladen hat? Sie sind nun frisch und fit für den neuen Tag.

Wenn Sie Ihre Veränderung, Ihre Erfolge dokumentieren möchten, dann sollten Sie einfach einen Text auf Kassette sprechen, bevor Sie mit dem Training beginnen. Machen Sie nach drei Monaten erneut eine Sprechprobe. Sie werden feststellen, dass Ihre Stimme viel kraftvoller und sicherer geworden ist. Noch besser ist es, wenn Sie das psychogene Stimmtraining meiner Kassette „Ein positiver Tag beginnt" nutzen (siehe Literatur).

Erfolgskontrolle

Notieren Sie nach drei Monaten Übung, was sich an Ihrer Stimme verändert hat und in welchem Maße.

- Stimmlage
- Sprechtempo
- Lautstärke der Stimme
- Volumen
- Aussprache
- Modulation
- Überzeugungskraft

Ich gebe Ihnen hier eine Autosuggestion, die dazu beiträgt, Ihre Stimme zu optimieren. Sprechen Sie den Text laut und wiederholen Sie ihn mehrmals täglich.

Ich bin fest entschlossen, die Chancen meines Lebens zu nutzen.
Wer erfolgreich sein will, muss im Sprechen beherrscht und im Tonfall seiner Stimme absolut sicher sein.
Ich weiß, dass die Macht der Sprache und die innere Sicherheit ausschlaggebend sind.
Das ist eine Frage des Vertrauens zur eigenen Kraft. Ich kann im Sprechen nur dann sicher sein, wenn ich innerlich sicher bin.
Ich bin sicher; vollkommen sicher und frei von allen Hemmungen!

Stimmtraining ist Persönlichkeitstraining

Die Zeitschrift GEO 12/1998 hat in einem Artikel über die Stimme meine Erfahrungen bestätigt. Übungen verändern nicht nur die Stimme, sondern haben auch andere vorteilhafte Auswirkungen: eine verbesserte Konzentration und innere Ruhe, Ihre Persönlichkeit entwickelt sich, Ihre positive Ausstrahlung verstärkt sich. Stimmtraining ist zugleich auch *Persönlichkeitstraining.* Natürlich können Sie Ihre Persönlichkeit auch durch andere Methoden trainieren. Ich bin jedoch ein absoluter Verfechter des Stimmtrainings, weil es einfach und jederzeit durchzuführen ist und weil es so erfolgreich ist. Auch hier müssen Sie sich entscheiden, welchen Weg zum Ziel Sie gehen wollen. Wenn Sie jedoch ein wenig Persönlichkeitstraining hier, ein wenig dort und zwischendurch ein bisschen Stimmtraining machen, werden Sie gar nichts erreichen (siehe auch Kapitel 2, Zielklarheit).

Was kann eine veränderte Stimme bewirken?

Größeres Selbstbewusstsein

1. Stärkung des Selbstbewusstseins, der Willenskraft und des Zielbewusstseins

Wer sprechen kann, wird vorgeschickt, wird zum Sprecher für andere, wird Fürsprecher. Auf eine klare, kräftige und tiefe Stimme hört man. Durch die Arbeit an Ihrer Stimme kristallisieren sich Ihre Stärken heraus, verstärken sich, während Schwächen nach und nach abgebaut werden. Sie wissen, was Sie wollen. Sie haben ein großes Ziel gewählt, das Sie mit Energie ansteuern. Sie haben sich dafür entschieden, aus der Masse herauszutreten, nicht mittelmäßig in vielen Bereichen zu sein, sondern Spitze zu sein auf einem Gebiet. Und das können Sie über die Arbeit an Ihrer Stimme erreichen.

Mehr Kraft und gute Nerven

2. Gute Nerven, ruhige und sichere Ausstrahlung
Durch das Stimmtraining werden Ihre inneren Energien aktiviert, Sie werden ruhig und ausgeglichen, Ihre Nerven werden immer besser. Wie ein Hundertmeterläufer, der auf einer Strecke von 120 Metern trainiert, gibt Ihnen das Stimmtraining genügend Kraft und Reserven für den Endspurt. Sie wissen das, strahlen es aus – und Ihr Umfeld fühlt es.

Bessere Konzentration auf Inhalte

3. Klare Aussprache
Eine deutliche Aussprache erleichtert das Zuhören, Ihr Publikum kann sich besser auf das Gesagte konzentrieren. Denken Sie nur an Menschen, die lispeln oder stottern. Anstatt sich auf die Inhalte zu konzentrieren, verlagert sich die Aufmerksamkeit auf den Sprachfehler. Dies gilt unter Umständen auch für einen starken Dialekt. Umgekehrt hat bei einer guten Aussprache mit Zungen-R die Sprache viel mehr Ausdruckskraft. Der Zuhörer kann sich auf den Inhalt der Worte konzentrieren. Eine geschulte Stimme als Transportmittel für den Inhalt der Worte dringt ins Unterbewusstsein, dorthin wo die Worte wirken sollen und können.

3.3 Die Augen – Einblick in die Seele

Die Sprache der Augen

„Um sich begreiflich zu machen, muss man zum Auge reden." meinte *Johann Gottfried von Herder.* Die Augen werden poetisch gern als „Spiegel der Seele", als „leuchtende Sterne" oder Symbol der Lebensenergie bezeichnet. Blicke sagen oft mehr als Worte, heißt es. Sie können liebevoll, abweisend, kühl, funkelnd, aber auch matt und stechend sein. Mit Augen können wir andere Menschen verführen oder auch ablehnen. Wenn Blicke töten könnten, würden wir schnell zum Mörder.

Der Mensch ist ein Augentier

Augen sagen viel über uns aus, sie verraten, ob wir optimistisch oder pessimistisch sind, wie es mit unserer Selbstsicherheit aussieht, wie offen wir sind. Mit einem Blick können wir viel ausdrücken: Wir können durch einen Menschen hindurchsehen, ihn übersehen – also missachten; wir können jemanden immer wieder einmal kurz ansehen, um unser Interesse zu bekunden; wir können Menschen ungeniert anstarren, wenn wir nicht sehr höflich sind. Wie wichtig die Augen sind, sehen wir daran, dass der moderne Mensch 80 Prozent der Sinneseindrücke über das Auge wahrnimmt.

Die Augen geben nicht nur Einblick in die Seele, sie sind auch unser Fenster zur Außenwelt. Wir können in den Augen unserer Mitmenschen lesen und umgekehrt verraten unsere Augen manchmal vielleicht mehr über uns, als uns lieb ist.

Was sagt uns der Blick?

Ein ruhiger, steter Blick vermittelt Sicherheit, Ruhe und Konzentrationsstärke. Menschen, deren Blick ständig von einem Punkt zum anderen wandert, verraten dadurch ihre innere Unruhe. Wir erkennen, dass dieser

Mensch nicht konzentriert beim Gespräch ist, seine Gedanken nicht bei der Sache sind, sondern hin und her wandern. Ein unsteter Blick lässt kein Vertrauen entstehen. Unbewusst nehmen wir die Signale wahr, die der andere aussendet, umgekehrt geschieht das Gleiche. Um unsere rhetorischen Fähigkeiten zu verbessern, müssen wir diese Details beachten, damit wir entsprechend agieren oder – sofern wir Zuhörer sind – reagieren können.

Fragebogen: Blick

- Was fällt Ihnen auf an dem Blick eines guten Redners?
- Wie ist der Blick Ihres Chefs, Ihres wichtigsten Kunden, Ihres Assistenten?
- Erinnern Sie sich an Ihr letztes wichtiges Gespräch. Was konnten Sie am Blick Ihrer Gesprächspartner erkennen? Was hat Ihr Blick möglicherweise verraten?
- Haben Sie einen ruhigen Blick oder wandert Ihr Blick häufig unruhig umher?
- Beobachten Sie Ihre Augenbewegung, wenn Sie unter Stress stehen, sich nicht durchsetzen können, verärgert sind.
- Welche Sprache sprechen Ihre Augen im Allgemeinen?

Übereinstimmung von Blick, Stimme, Worten

Der Blick ist ein wichtiges Instrument der Rhetorik. Der Blick kann Ihre Worte verstärken, abschwächen oder verraten, dass Sie nicht hinter der Sache stehen, vielleicht nicht einmal die Wahrheit sprechen. Mit einem ruhigen, konzentrierten Blick können Sie Einfluss auf Ihren Gesprächspartner nehmen, denn Ihr Blick erreicht seine Seele. Nichts geschieht ohne Emotionen, ob das der große Geschäftsabschluss ist, die Fusion oder die Beförderung. Wenn die emotionale Beziehung nicht funktioniert, läuft nichts. Lernen Sie, Ihren Blick richtig einzusetzen, indem Sie Blick, Stimme und Worte in

Übereinstimmung bringen. Damit Ihnen das leichter fällt, mache ich Sie mit meinem *Augentrainingsprogramm* bekannt. Arbeiten Sie vier Wochen damit.

Übung
Mit dieser Übung soll ein „langer Blick" trainiert werden, das heißt, dass Sie mindestens drei Minuten den Blick halten können, ohne dass Ihre Augen anfangen zu tränen, zu zucken oder Sie die Lider schließen müssen.

Nehmen Sie ein Blatt Papier, malen Sie in die Mitte einen schwarzen Punkt, um den Sie einen Kreis ziehen. Nun fixieren Sie den Punkt so lange Sie können – mit freundlichem Blick. Dann schließen Sie die Augen für 20 Sekunden. So können sich die Augenmuskeln entspannen. Dann fixieren Sie wieder den Punkt. Führen Sie diese Übung täglich durch, so lange bis Sie das Übungsziel erreicht haben: Den Punkt drei Minuten mit freundlichem Blick konzentriert ansehen.

Üben Sie auch zwischendurch den „langen Blick". Suchen Sie sich immer mal ein Objekt, auf das Sie Ihren Blick konzentriert drei Minuten richten, beispielsweise ein Bild an der Wand, einen Baum oder ein Plakat, wenn Sie auf den Bus warten …

Übung
Diese Übung kann als Steigerung der vorangegangenen Übung verstanden werden. Sie sollen jetzt lernen, den „langen Blick" einzusetzen, und zwar zunächst bei sich selbst.

Malen Sie sich einen Punkt zwischen Ihre beiden Augenbrauen. In östlichen Religionen und Philosophien wird diese Stelle das „dritte Auge" genannt und symbolisiert den Sitz der Seele oder das Eingangstor zur Seele. Setzen Sie sich bequem vor einen Spiegel und richten Sie Ihren Blick genau auf diesen Punkt auf Ihrer Stirn. Auch bei dieser Übung sollten Sie den Blick so lange halten, bis Ihre Augen tränen, zucken oder Sie die Lider schließen müssen. Achten Sie darauf, dass Ihr Blick immer freundlich ist. Schließen Sie die Augen 20 Sekunden, dann wiederholen Sie diese Übung, bis Sie auch diesen Blick drei Minuten halten können.

Nutzen Sie jeden Spiegel, vor dem Sie stehen, um zwischendurch eine kurze Trockenübung, also ohne sichtbaren Punkt, zu machen, beispielsweise beim Händewaschen im Bad.

Autosuggestion

Zur Unterstützung der beiden Übungen können Sie folgende Autosuggestion nutzen, indem Sie sie wiederholt laut sprechen:

Meine Augen entspannen sich, ich werde ganz ruhig. Mein Blick ist sichtbarer Ausdruck meiner inneren Ruhe. Mein Blick wird immer ruhiger, immer freundlicher und immer konzentrierter. Mein Blick strahlt Vertrauen und Liebe, aber auch meine Energie aus. Mein Blick ist ruhig und freundlich.

Übung

Sobald Sie Ihr zweites Übungsziel erreicht haben, können Sie sich an eine weitere Steigerung wagen. Fixieren Sie den Punkt auf der Stirn nun bei anderen Personen, allerdings zuerst nur auf Fotos. Das Ziel ist auch hier, den Blick drei Minuten freundlich ohne tränende Augen und ohne zuckende Lider zu halten. Als nächstes üben Sie an „beweglichen" Bildern im Fernsehen. Richten Sie Ihren Blick auf die Stirn des Politikers, des Schauspielers, der Ansagerin …

Wenn Sie auch hier das Übungsziel erreicht haben, dann ist Ihnen ein konzentrierter, ruhiger Blick bereits zu einer

Gewohnheit geworden. Und erst dann können Sie sich ganz in die Praxis wagen. Beginnen Sie langsam, indem Sie Ihren langen Blick, den Sie nun verinnerlicht haben, zuerst bei Ihrer Familie, bei Freunden und Bekannten ausprobieren. Wichtig ist, dass er nicht künstlich oder einstudiert wirkt, sondern ganz entspannt, locker und freundlich auf die jeweilige Person gerichtet ist.

Blickkontakt

Setzen Sie den „langen Blick" ein, wenn Sie sprechen

Durch das Augentraining hat sich Ihr Blick verändert – mit Auswirkungen auf Ihre Persönlichkeit und Ihre Ausstrahlung. Wie sollen Sie Ihren Blick am besten einsetzen? Wenn Sie mit jemandem sprechen, dann sollten Sie ihn ruhig ansehen, den Blick auf seine Stirn gerichtet. Ihr konzentrierter Blick verleiht Ihren Worten Energie, Sie nehmen Einfluss auf Ihren Gesprächspartner und steuern das Gespräch.

Senken Sie den Blick leicht, wenn Ihr Gesprächspartner spricht

Aber Achtung: Wenn Ihr Gegenüber spricht, wird auch er als guter Kommunikator seinen Blick auf Ihre Stirn richten. Würden Sie Ihren Blick nun nicht ändern, käme es zu einem Blickeduell, was nicht gerade förderlich für ein harmonisches Gespräch wäre. Senken Sie deshalb den Blick ein wenig, richten ihn auf seine Lippen. Damit erreichen Sie zwei Dinge: Sie übermitteln dem anderen, dass Sie ihm konzentriert zuhören, dass Sie sich aber dennoch nicht beeinflussen lassen.

Konzentriertes Zuhören

Ihr konzentriertes Zuhören vermittelt Ihrem Gesprächspartner das Gefühl, wichtig zu sein, ernst genommen zu werden. Er fühlt sich wohl und sicher, denn er steht im Mittelpunkt Ihrer Aufmerksamkeit. Sie sprechen seine emotionale Ebene an, was zur Folge hat, dass auch er sich öffnet und bereit ist, Ihnen richtig zuzuhören. Mit Ihrem Blick, unterstützt durch Ihre Worte, Stimme und

Körpersprache, erreichen Sie eine positive Wirkung. Ihre Argumente fallen auf vorbereiteten Boden.

Die Angst vor negativer Beeinflussung ist unbegründet

Hin und wieder höre ich bei meinen Seminaren den Einwand, dass durch einen gezielten Blickeinsatz Menschen auch negativ beeinflusst werden könnten. Keine Sorge: Jeder Mensch hat eine ganz natürliche innere Barriere, d.h. er fühlt eine negative Beeinflussung sehr schnell – meist unbewusst – und verschließt sich automatisch.

3.4 Die Kunst des Zuhörens

Wir leben in einer ständigen Geräuschkulisse

Die meisten Menschen leben tageintagaus mit einer Geräuschkulisse: Auf der Fahrt in die Firma läuft das Autoradio, im Büro wird sowieso viel geredet, auf dem Heimweg lässt man sich wieder durch das Autoradio beschallen. Beim Einkaufen wird man mit Musik berieselt und kaum zu Hause muss der Fernseher angeschaltet werden. Stille kennen die wenigsten von uns – und viele können Sie gar nicht mehr ertragen. So werden unsere Hörorgane von früh bis spät strapaziert. Vermutlich haben wir uns daran gewöhnt, ständig von einer Geräuschkulisse umgeben zu sein, ohne sie wirklich wahrzunehmen bzw. ihr Aufmerksamkeit zu schenken. Diese Gewohnheit wirkt sich oft auch im Gespräch aus.

Den meisten Menschen fällt es leichter zu reden als richtig zuzuhören

Eine noch so gut trainierte Stimme nützt uns wenig, wenn niemand zuhört. Es ist auch kein Zufall, dass wir nur *einen* Mund, aber *zwei* Ohren haben. Dennoch fällt es uns allgemein leichter zu reden als wirklich zuzuhören. Dabei verschafft uns richtiges Zuhören viele Vorteile. Wir wissen, was der andere sagt, lernen seine Gedanken, Wünsche, Ziele, seine Probleme und Bedenken kennen. Wer nicht gut zuhört, wer immer mit den eigenen Gedanken beschäftigt ist, während ein anderer spricht, dem entgeht sehr viel. Nicht nur Daten und Fakten gehen an ihm vorbei. Jeder Mensch merkt sofort, ob ihm die volle Aufmerksamkeit gewidmet wird oder ob der Zuhörer nur scheinbar zuhört. Missachtung verletzt und prägt sich tief im Unterbewusstsein ein. Wer möchte sich schon engagieren, wenn er gar nicht richtig beachtet wird, wenn seine Ideen und Vorschläge nicht einmal angehört werden? Hier haben wir eine Hauptursache für *Demotivation* – nicht nur bei Mitarbeitern, sondern auch bei Kunden, Kollegen, bei Freunden, in der Familie.

Zuhören ist die beste Basis für ein erfolgreiches Gespräch

Wer gut zuhören kann, ist ein beliebter Gesprächspartner, denn er gibt seinem Gegenüber das Gefühl, dass er wichtig ist, dass seine Ideen, Argumente, seine Worte ernst genommen werden, dass er und seine Fähigkeiten erkannt und anerkannt werden. Er bestätigt den anderen in seinem Selbstwertgefühl und deshalb ist dieser viel eher bereit, auch eine konträre Meinung zu akzeptieren. Aufmerksames Zuhören ist die beste Basis für ein erfolgreiches Gespräch. Und wer gut zuhört, kann auch gut argumentieren und gegebenenfalls mit überzeugenden Argumenten widersprechen.

Nonverbale Signale wahrnehmen

Zur Kunst des aktiven Zuhörens gehört es auch, das wahrzunehmen, was nicht ausgesprochen wird. Das ist der schwierigere Teil dieser Kunst, aber wie jede Kunst erlernbar, indem Sie nicht nur hören, sondern Ihre Antennen auch für die nonverbalen Signale des anderen sensibilisieren, für Körpersprache, Stimmlage, Veränderung der Stimme, Tempo, Blick …

Fragebogen: Zuhören

Erinnern Sie sich an ein wichtiges Gespräch:

– Wer hat am meisten gesprochen?
– Haben Sie konzentriert zugehört?
– Haben Sie Feedback gegeben?
– Haben Sie Ihrem Gesprächspartner auch nonverbal Zustimmung signalisiert?
– Haben Sie auf die Emotionen geachtet?
– Haben Sie alles richtig verstanden?
– Haben Sie Ihren Gesprächspartner unterbrochen?

Anhand solcher Fragen können Sie feststellen, wie es um Ihre Eigenschaft als Zuhörer bestellt ist. Die meisten Menschen, denen ich diese Frage stelle, müssen ein erhebliches Defizit auf diesem Gebiet zugeben. Zuhören ist ein wichtiger Bestandteil des Gesprächs und deshalb sollten Sie folgende Punkte berücksichtigen:

Checkliste: Zuhören

✔ Das Anliegen Ihres Gesprächspartners ist das Wichtigste im Augenblick des Gesprächs. Wie vermitteln Sie das?

✔ Konzentrieren Sie sich auf Ihr Gegenüber, zeigen Sie das durch Blick, Körperhaltung und Feedback.

✔ Lassen Sie den anderen ausreden, unterbrechen Sie ihn nicht.

✔ Lesen Sie die Körpersprache und den Blick Ihres Gegenübers.

✔ Achten Sie auf die Veränderungen in der Stimme.

✔ Signalisieren Sie Interesse und Verständnis durch Fragen.

✔ Zeigen Sie innere Bereitschaft durch eine offene Körperhaltung.

3.5 Kleider machen Leute

Sich so kleiden, wie man gesehen werden möchte

„Wie du kommst gegangen, so wirst du auch empfangen" ist einer meiner Lieblingssätze zum Thema Kleidung. Nicht umsonst heißt es: „Kleider machen Leute" und „Wer sich wie ein Bettler kleidet, wird wie ein Bettler behandelt". Vice versa gilt: „Wer sich wie ein König kleidet, wird wie ein König behandelt." Warum haben Hochstapler, Heiratsschwindler so viel Erfolg? Ganz einfach – weil sie sich entsprechend kleiden. Der Heiratsschwindler, der es auf eine Millionärin abgesehen hat, kann sich nur Chancen ausrechnen, wenn seine Kleidung, sein äußeres Erscheinungsbild in das Umfeld der Millionärin passt.

Fragebogen: Kleidung

Gehen Sie einmal zum Spiegel und betrachten Sie sich:
- Wie ist mein äußeres Erscheinungsbild?
- Ist meine Kleidung gepflegt von Kopf bis Fuß?
- Passen die Farben zusammen?
- Wie wirkt meine Kleidung (konservativ, modern …)?
- Repräsentiert meine Kleidung das Image der Branche (Werbung, Bank …), in der ich tätig bin?
- Bin ich entsprechend meiner Position gekleidet?
- Trage ich schon heute die Kleidung für die Position, die ich anstrebe?
- Ist meine Kleidung dem Anlass entsprechend (z.B. Sitzung des Aufsichtsrats)?
- Fühle ich mich wohl in meiner Kleidung, entspricht sie meinem Wesen?

Der erste Eindruck zählt

Auch im Zusammenhang mit der Kleidung sollte man sich bewusst machen, dass die ersten sieben Sekunden darüber entscheiden, ob man ankommt oder nicht, ob man Sie sympathisch findet oder nicht, ob Sie akzeptiert werden oder nicht. Auch bei Ihnen funktioniert das so.

Sie sehen jemanden zum ersten Mal. Blitzschnell erfassen Sie das Äußere, registrieren dieses Bild und legen es in Ihrem Unterbewusstsein ab. Wann immer Sie mit diesem Menschen zu tun haben, das erste Bild prägt den weiteren Kontakt. Haben Sie einen positiven Eindruck, dann sind Sie offener für ihn, ist der erste Eindruck nicht so günstig, werden Sie viel sorgfältiger abwägen, ob und auf welcher Basis Sie mit diesem Menschen verkehren wollen.

Kleidung ist Ausdruck der Persönlichkeit

Da die Kleidung 80 Prozent unseres Körpers bedeckt, spielt sie bei der Beurteilung eines Menschen eine große Rolle. Kleidung ist Ausdruck der Persönlichkeit. An der Kleidung kann man erkennen, mit wem man es zu tun hat – mit einem Sieger oder mit einem Loser, mit einem lustigen oder einem ruhigen Menschen.

Im Mittelalter war genau festgelegt, welche Zunft welche Kleidung zu tragen hatte. Heute steht es jedem frei, sich so zu kleiden, wie es ihm gefällt, und trotzdem erkennen wir meist an der Kleidung, mit wem wir es zu tun haben. Eine ruhige, introvertierte Frau wird kaum schrille Farben wählen, ein flippiger, kreativer Werbetexter wird sicher nicht im dunklen Anzug in der Agentur erscheinen. Ein draufgängerischer Bankangestellter, der beruflich eher dezent und konservativ gekleidet sein muss, kann durch eine kesse Fliege, modische Hemden o. ä. seinem Outfit den individuellen Touch geben und somit etwas von seiner Persönlichkeit auch in die „Berufskleidung" einbringen.

Die passende Kleidung ist Zeichen von Respekt und Höflichkeit

Die Kleidung sollte immer dem Anlass entsprechen, zu dem sie getragen wird. Stellen Sie sich vor, Sie kämen zu einer Beerdigung in flippigem Outfit. Abgesehen davon, dass Sie unangenehm auffallen würden, wäre eine solche

Kleidung beleidigend für die Trauernden. Durch die Kleidung wird sowohl Macht als auch Höflichkeit und Respekt ausgedrückt. Die Wahl der richtigen Kleidung ist also nicht nur eine Frage der Mode. Kleidung ist ein Ausdrucksmittel der Persönlichkeit, das recht oft unterschätzt wird.

Ein König muss aussehen wie ein König

„Ein König muss aussehen wie ein König" und ein Prokurist muss aussehen wie ein Prokurist oder wie ein Geschäftsführer, wenn er denn Geschäftsführer werden will. An der Kleidung lässt sich ablesen, was Sie anstreben. Heute sind Sie Abteilungsleiter, aber morgen möchten Sie Prokura. Stecken Sie noch in der Kleidung, die den Abteilungsleiter repräsentiert, oder haben Sie in puncto Kleidung schon die nächste Stufe der Karriereleiter erklommen? Saubere, gepflegte Kleidung lässt auf einen ordentlichen und gepflegten Menschen schließen – nach dem Motto: Innen wie außen!

Wie muss die *richtige* Kleidung aussehen? Die Antwort ist natürlich von vielen Kriterien abhängig, wie Position, Branche, Alter, Figur, Umfeld etc. Wenn Sie unsicher sind, dann ziehen Sie einen Fachmann zu Rate, beispielsweise einen guten Herrenausstatter in Ihrer Stadt oder einen Stilberater. Ich möchte hier nur die wichtigsten allgemeinen Punkte ansprechen.

1. Gepflegte Kleidung

Gepflegte Kleidung

Egal, wo Sie arbeiten, Sauberkeit und Pflege ist oberstes Gebot. Perfekt gebügelte Hemden, an denen keine Faltstellen sichbar sind, eine gerade und scharfe Bügelfalte, Hosen, Röcke und Jacketts ohne Falten. Die Schuhe sollten glänzen und keine abgetretenen Absätze haben.

2. Die richtigen Farben

Die Wirkung von Farben gezielt einsetzen

Heute ist auch in den Chefetagen Farbe bei der Kleidung erlaubt – entsprechend Typ und Branche. Ton in Ton bzw. schwache Farbkontraste vermitteln den Eindruck von Zugänglichkeit: Ein solcher Mensch ist offen für andere Ansichten, hat mehr Verständnis. Starke Farbkontraste – beispielsweise blauer Anzug (oder Kostüm) mit weißem Hemd/weißer Bluse – wirken autoritär und schaffen Distanz: „Hier spricht der Boss!" Nutzen Sie die Wirkung der Farben. Wenn Sie zum Kunden gehen, kann der starke Hell-Dunkel-Effekt den Kunden abschrecken, haben Sie aber eine Runde von Verkäufern vor sich, denen Sie das neue Konzept vorstellen, ist Autorität – auch in der Farbkombination – angesagt.

3. Qualität und Sitz der Kleidung

Weniger ist mehr

Weniger ist mehr: lieber einige wenige, aber hochwertige Kleidungsstücke in Topqualität als ein Kleiderschrank voller Anzüge und Kostüme, die knittern, fuseln und einfach billig aussehen. Mit zwei Anzügen/Kostümen sowie zwei Blazern aus bester Stoffqualität haben Sie bereits eine gute Basis, um dann mit farblich passenden Hosen/Röcken und Hemden/Blusen sowie Accessoires gut über die Runden zu kommen. Mit schicken Krawatten, Schals, Tüchern und – für die Damen – dezentem Schmuck können Sie Ihre Kleidung vielseitig abwandeln und sehen immer super aus.

Investieren Sie in Qualität

Qualität hat ihren Preis. Aber die Investition in Ihre Kleidung ist zugleich eine Investition in Ihre Persönlichkeit – und Ihre Karriere. Qualität ist mit dem bloßen Auge auch für den Nicht-Fachmann sichtbar und für das eigene Wohlbefinden unerlässlich. Stellen Sie sich vor, dass Sie nach einer stundenlangen Sitzung keine Zeit mehr haben, sich umzuziehen und sofort zu einem wichtigen

Geschäftsessen eilen müssen. Haben Ihre Hosen dann Sitzfalten, sind die Bügelfalten nicht mehr gut sichtbar, ist das Jackett verknittert – wie fühlen Sie sich in solchen Situationen? Wie wirken Sie auf den Geschäftspartner? Die Jacketts werfen Falten im Schulterbereich, die Hosen müssen immer mit dem Gürtel zusammengezogen werden, die Rocklänge betont die dickste Stelle an den Waden? Solche Kleinigkeiten haben große Wirkung. Sie fühlen sich nicht wohl in solchen Kleidungsstücken. Außerdem vermitteln Sie den Eindruck, dass Sie nicht viel Wert auf Ihre Kleidung – und damit auf Ihre Persönlichkeit – legen. Wenn Ihnen die Kleidung von der Stange nicht passt: Dann nehmen Sie sich einmal richtig Zeit für eine Marktforschung. Es gibt heute so viele Firmen, die unterschiedlich schneiden, dass Sie bestimmt fündig werden; ansonsten hat jedes Fachgeschäft Änderungsschneider an der Hand, die Kleinigkeiten schnell korrigieren können. Auch die Investition in einen Schneider ist keine Fehlinvestition.

4. Schuhe und Strümpfe

Zur übrigen Garderobe passend

In manchen süd- und mittelamerikanischen Ländern wird nach den Schuhen beurteilt. Betritt ein Kunde in ausgefransten Jeans, aber in dem neuesten Bally-Modell einen Designerladen, wird er mit größter Höflichkeit bedient. Wenngleich bei uns eher ein Anzug wirkt, bleiben Schuhe dennoch nicht unbeachtet. Ausgetretene Schuhe und ein Boss-Anzug – das passt einfach nicht. Farblich passende Socken, die lang genug sind, dass auch bei überschlagenen Beinen kein nacktes Männerbein zu sehen ist, versteht sich von selbst. Nackte Frauenbeine – auch im Hochsommer – zeigen ein Manko in puncto Stil und Geschmack.

5. Brille, Schmuck

Was wollen Sie vermitteln?

Mit einer Brille können Sie Ihrem Gesicht zusätzlich Ausdruck verleihen. Eine eckige, kantige Brille zeigt einen ebensolchen Charakter; bunte Brillen passen eher zu bunten Vögeln ... Achten Sie beim Kauf einer Brille nicht nur auf die praktischen Dinge wie Sitz und Optik, sondern auch darauf, welchen Eindruck Sie mit welcher Form vermitteln. Schmuck sollte im Geschäftsleben dezent und praktisch sein. Auch hier gilt: Weniger ist mehr.

Checkliste: Kleidung

Überprüfen Sie Ihre Garderobe und trennen Sie sich von allem, was Sie entsprechend Ihrer neuen Erkenntnisse nicht mehr benötigen.

✔ Wie sieht es mit der Qualität aus?

✔ Was passt farblich zusammen?

✔ Wie viele Kombinationen können Sie zusammenstellen?

✔ Haben Sie genügend Kleidungsstücke?

✔ Mit welchen Teilen können Sie Ihre Garderobe ergänzen?

✔ Entspricht Ihre Garderobe Ihrer nächsten Position?

✔ Sind alle Kleidungsstücke in perfektem Zustand (keine lockeren Knöpfe, abgetretenen Absätze ...)?

✔ Was sollten Sie an Ihrem Äußeren ändern (z. B. Frisur, Haarfarbe, Brille), um Ihre Persönlichkeit auch optisch noch besser zur Geltung bringen zu können?

3.6 Gegen Worte kann man sich wehren – gegen Ausstrahlung nicht

Persönlichkeit und Ausstrahlung

Die besten rhetorischen Fähigkeiten nützen wenig, wenn keine Persönlichkeit hinter den Worten steht. Persönlichkeit und Ausstrahlung sind zwei Begriffe, die untrennbar miteinander verbunden sind. Der Mensch kann nur das ausstrahlen, was er *in sich* hat, beispielsweise Wärme, Zielstrebigkeit, Unnahbarkeit, Sicherheit, Überheblichkeit, Ehrgeiz, Zuverlässigkeit, Energie …

Ein Beispiel für eine charismatische Persönlichkeit

Ein mittelgroßer Mann – gekleidet wie alle anderen – betritt den Raum und geht zu seinem Stuhl am Konferenztisch. Man macht ihm Platz, ohne dass er darum bitten muss; die Sekretärin erscheint unaufgefordert und gießt ihm Tee ein. Die anderen Gesprächsteilnehmer setzen sich hin, sobald er Platz genommen hat. Alle Augen blicken erwartungsvoll auf ihn – es ist Ruhe im Raum, man spürt förmlich die Konzentration. Dieser Mann ist nicht etwa der Vorsitzende, sondern ein Mitarbeiter – gleichrangig mit den anderen anwesenden Kollegen.

Charisma kommt von innen

Was ist hier geschehen? Dieser Mann wirkt durch seine Persönlichkeit, durch seine positive Ausstrahlung. Er wird beachtet und geachtet. Er verkörpert Energie, Zielstrebigkeit, eine positive Einstellung und Sicherheit, zieht Aufmerksamkeit und Interesse an. Jeder möchte wissen, was dieser Mann zu sagen hat. Er fasziniert, ohne dass man genau definieren kann, warum das so ist. Die Ausstrahlung kommt von innen, vom Herzen und wirkt zum Herzen. Ein Mensch mit einer positiven, charismatischen Ausstrahlung wird zur Führungspersönlichkeit – durch seine Kompetenz, aber auch weil andere ihm gern folgen, sich von ihm motivieren und begeistern lassen. In einer Zeit, in der ohne Teamarbeit nichts mehr geht, brauchen wir mehr denn je charismatische Führungspersönlichkeiten – Menschen, die Visionen entwickeln können, Menschen, die andere für gemeinsame Ziele begeistern können, Menschen, die mit Herz und Verstand führen.

Nichts wirkt mehr als die persönliche Ausstrahlung eines Menschen

Weder Position noch Kleidung, Körpergröße oder andere äußere Attribute wirken so nachhaltig und so stark wie die Ausstrahlung eines Menschen. Auch wenn wir nicht wissen, mit wem wir es zu tun haben, am Gang, an der Art und Weise, wie ein Mensch sich bewegt, wie er schaut, wie er mit Mitarbeitern umgeht, spüren wir, ob dieser Mensch erfolgreich ist oder nicht. Es gibt Menschen, in deren Gegenwart sich die Stimmung sofort verändert. Sie strahlen so viel positive Energie aus, dass jeder davon förmlich angesteckt wird. Die Ausstrahlung entscheidet. Warum wird so wenig Wert auf die Entwicklung der Persönlichkeit gelegt? Warum studieren wir immer nur Zahlen, befassen uns ausschließlich mit Fakten, anstatt das zu trainieren, was uns wirklich weiterbringt und dazu beiträgt, dass sich in unserer Welt etwas bewegt und das uns innere Befriedigung vermittelt?

Erfolg beruht wesentlich auf Persönlichkeit

Die Persönlichkeit entscheidet – im Beruf wie auch im Privatleben. Der größte Teil des Erfolges beruht auf der *Persönlichkeit* und nicht etwa auf fachlichem Wissen, wie viele Menschen heute glauben. Die Meinungen gehen zwar ein wenig auseinander, wenn es um die Zahlen geht. Ich bin davon überzeugt, dass nur 35 Prozent des Erfolges auf das fachliche Wissen zurückzuführen sind, während die Persönlichkeit 65 Prozent ausmachen.

Unsere Art und Weise mit Menschen umzugehen entscheidet darüber, wie Menschen mit uns umgehen, ob Sie offen sind für unsere Ideen und Visionen, ob Sie bereit sind, sich auch innerlich für unser Anliegen zu engagieren, oder ob Sie distanziert bleiben und nur ihre Arbeit machen. Der intelligente Umgang mit Menschen basiert auf einer simplen Erkenntnis: Loben Sie, und Ihr Mitarbeiter wird Höchstleistungen bringen. Kritisieren Sie, erreichen Sie genau das Gegenteil. Der Mitarbeiter wird verunsichert, ist demotiviert, die Leistung lässt nach. Wenn Sie mein *11. Grundgesetz der Lebensentfaltung* beherzigen, verändert sich das Arbeitsklima von Grund auf:

Beachtung bringt Verstärkung.
Nichtbeachtung bringt Befreiung.

Übung

Definieren Sie die Ausstrahlung folgender Persönlichkeiten:

Bill Clinton ______________________________

____

Helmut Kohl ______________________________

____

Jürgen Schrempp ______________________________

____

Madelaine Albright ______________________________

____

Demi Moore ______________________________

____

Ron Sommer

Notieren Sie möglichst viele Aspekte zu jeder Person. Sie bekommen dadurch ein besseres Gefühl für die einzelnen Facetten einer Persönlichkeit.

Fragebogen: Persönlichkeit und Ausstrahlung

- Wie gehen Sie mit Ihren Mitarbeitern um, mit Ihren Kollegen, Ihrem Chef?
- Wie verhalten Sie sich gegenüber Ihrem/r Partner/in, Ihrer Familie, Ihren Freunden und Bekannten?
- Glauben Sie, dass Ihre Mitarbeiter gern für Sie arbeiten?
- Folgt Ihre Familie ohne große Diskussionen Ihren Vorschlägen?
- Haben Sie ein gutes Verhältnis zu diesen Personen?
- Sind die o.g. Personen mit Ihnen zufrieden?
- Werden Sie überall beachtet, schenkt man Ihnen viel Aufmerksamkeit?
- Legt man auf Ihren Rat großen Wert?
- Sind Sie beliebt, liest man Ihnen Ihre Wünsche von den Augen ab?
- Was strahlen Sie aus?

Fragen Sie die Menschen aus Ihrem Umfeld, um Ihre Selbsteinschätzung zu überprüfen.

Beachten Sie auch mein *12. Grundgesetz zur Lebensentfaltung:*

Zustimmung aktiviert Kräfte.
Ablehnung vernichtet Lebenskraft.

Befassen Sie sich unter Berücksichtigung dieses Gesetzes noch einmal mit den obigen Fragen. Wie fallen die Antworten jetzt aus?

Entfalten Sie Ihre Fähigkeiten

Nutzen Sie den Fragebogen, um festzustellen, in welchen Bereichen bei Ihnen möglicherweise noch etwas zu verbessern ist. Die Entfaltung Ihrer Fähigkeiten, das verstärken Ihrer Stärken gehören ebenso zur Rhetorik wie das richtige Sprechen. Lernen können Sie alles, wenn Sie nur wollen. Das Verhalten wird nämlich nur zu 15 Prozent von den Erbanlagen bestimmt, der Rest liegt an Ihnen.

Entwickeln Sie Ihr Charisma!

Werden Sie zu einem strahlenden Mittelpunkt, entscheiden Sie sich – jetzt, in dieser Sekunde – eine strahlende Persönlichkeit zu werden. Dazu gehören Zielklarheit, Selbstsicherheit, eine positive Grundeinstellung, der richtige Umgang mit Menschen, Begeisterungsfähigkeit, die Fähigkeit, Visionen zu vermitteln, Wissen und Lebensfreude. Wie sieht es damit aus bei Ihnen?

Checkliste: Charisma

✔ Zielklarheit

✔ Selbstsicherheit

✔ Positive Lebenseinstellung

✔ Begeisterungs- und Motivationsfähigkeit

✔ Visionen haben und vermitteln können

✔ Lebensfreude

✔ Engagement

✔ Umgang mit Menschen

✔ Fachwissen

Autosuggestion Alles liegt in Ihnen. Mit Autosuggestionen können Sie eingefahrene Verhaltensweisen verändern, können Sie negative Programmierungen überspielen. Voraussetzung ist, dass Sie Ihre Schwachstellen wie auch Ihre starken Seiten kennen, dann können Sie sich gezielt an die Arbeit machen. Ich mache Ihnen hier einen Vorschlag für eine Autosuggestion zur Steigerung Ihrer positiven Ausstrahlung:

Ich bin fest entschlossen, eine einflussreiche Persönlichkeit zu werden.
Eine einflussreiche Persönlichkeit ist Meister in der Kunst der Menschenführung.
Auch ich werde ein Meister in der Kunst der Menschenführung und mich täglich und bei jeder Gelegenheit darin üben.
Mein starkes Selbstbewusstsein und meine Kontaktfähigkeit erleichtern mir den Umgang mit den Menschen.
Ich bin ein zielbewusster Mensch, der Menschen führen und begeistern kann.

Kapitel 4 Die Praxis der Rhetorik

„Dichter werden geboren; Redner werden gemacht."
Cicero

Unerlässlich: Zielklarheit und eine gute Vorbereitung

Wir wissen nun um die Bedeutung der Zielklarheit und der persönlichen Ausstrahlung, haben uns mit der Vorbereitung der Rede befasst, so dass wir an dieser Stelle den Schritt in die Praxis machen können. Bei jedem Gespräch, ob mit einer einzigen Person oder vor hunderten von Menschen, müssen Sie vorher Ihr Ziel festgelegt haben – je exakter, desto besser. Stellen Sie sich einen Jäger vor, der mit einer Schrotflinte einen kapitalen Hirschen erlegen will. Wenn man bedenkt, dass 90 Prozent aller Menschen nicht einmal genau wissen, was sie in ihrem Leben wollen, ist es nicht weiter überraschend, wenn wir so viele sinn- und ziellose Reden zu hören bekommen. Für eine überzeugende Verhandlungs- und Redetechnik ist es unerlässlich, ein genaues Ziel anzusteuern. Deshalb steht bei der Vorbereitung für eine Rede an erster Stelle die Frage: *Welches Ziel will ich erreichen?* Dann erst kann der Weg festgelegt werden: In welchem Zeitraum? Mit welchen Etappen? Mit welchem Beginn, welchem Schluss? Vergessen Sie nie: Die Vorbereitung macht 80 Prozent des Erfolgs aus – beim Sport wie bei der Rhetorik.

> **„Ich habe sechs Bedienstete, die mich alles gelehrt haben, was ich weiß. Ihre Namen sind: Was, warum, wann, wie, wo und wer."**
>
> Rudyard Kipling

Vergleichen wir ein Gespräch mit einem sportlichen Wettkampf, dann ist Sieger derjenige, der sein Ziel und den Weg dahin am besten kennt und sich optimal vorbereitet hat.

4.1 Wir sind alle Verkäufer

Ohne die Fähigkeit sich darzustellen bleiben Ihre Qualitäten unbeachtet

Es spielt keine Rolle, ob Sie Topmanager in einem großen Konzern, Sachbearbeiter in einer kleinen Firma oder Verkäufer in einem Einrichtungshaus sind, ob Sie Immobilien verkaufen, Politiker oder Chefsekretärin sind – Sie sind ein Verkäufer. Sie verkaufen Ihre Ansicht, Ihr Wissen, Ihre Fähigkeiten. Claudia Schiffer beispielsweise ist nicht nur ein Topmodel, sie kann sich auch sehr gut verkaufen. Optische Voraussetzungen für diesen Job haben viele Frauen und viele waren Spitze, aber sie haben sich nicht lange gehalten, denn sie konnten sich nicht richtig verkaufen.Wenn Sie sich das einmal bewusst machen, dann verstehen Sie noch besser, warum es so wichtig ist, außer fachlicher Kompetenz auch über rhetorische Fähigkeiten zu verfügen, sich richtig auszudrücken, sich wirklich verständlich machen zu können, denn nur so können Sie Ihre Qualitäten herausstellen. Experten gibt es unzählige, aber ohne die Fähigkeit, sich und sein Können richtig darzustellen, bleiben Sie unbeachtet.

Andere überzeugen und begeistern können

Wenn Sie etwas bewirken wollen in diesem Leben, benötigen Sie die Unterstützung anderer Menschen.

Wenn Sie Erfolg haben möchten – und wer will das nicht? – müssen Sie in der Lage sein, Ihre Mitmenschen zu überzeugen, zu begeistern und zu motivieren. Sie „verkaufen" Ihre Idee, Ihre Vision via Rhetorik – bei einem Gespräch, bei einer Diskussion, einer Rede oder einem Vortrag. Andere Menschen machen Sie erfolgreich.

Selbsteinschätzung trainieren

Um andere Menschen wirklich ansprechen zu können, muss man sie richtig einschätzen. Man muss wissen, was geht in meinem Mitarbeiter vor, wie fühlt sich mein Kunde, was beschäftigt meinen stärksten Konkurrenten. Das aber kann man nur, wenn man sich selbst richtig kennt. Die Voraussetzung zur Menschenkenntnis ist Kenntnis der eigenen Persönlichkeit, das Wissen um die eigenen Stärken und Schwächen. Betrachten Sie sich selbst im Spiegel und versuchen Sie, einen ersten Eindruck von der Person zu bekommen, die Sie da sehen. Wie ist die Körperhaltung, der Augenkontakt, wie klingt die Stimme? Was strahlt diese Person aus? Beurteilen Sie sich selbst, indem Sie sich mit fremden Augen betrachten.

Andere Menschen beobachten

Um Ihr Einschätzungsvermögen für andere Menschen zu verbessern, können Sie sich einmal eine Stunde in das Foyer eines großen Hotels setzen und die Menschen beobachten, die dort ein- und ausgehen. Versuchen Sie herauszufinden, wer Gast ist, wer nicht, welche Berufe die Menschen haben, ob sie verheiratet sind oder nicht, ob sie glücklich sind oder unglücklich. Trainieren Sie Ihre Menschenkenntnis. Auch wenn Sie bei diesem Training im Hotel nicht herausfinden, ob Ihre Einschätzung richtig war, bekommen Sie doch einen besseren Blick für andere Menschen, weil Sie bewusst auf die wesentlichen Kriterien achten. Ein guter Trainingsplatz ist auch der Flughafen oder das Wartezimmer beim Arzt.

Emotionen ansprechen

Wie gehen die meisten Menschen miteinander um? Sie kritisieren einander und werfen mit „schlagkräftigen“ Argumenten und Fakten um sich, um den Gesprächspartner zu überzeugen. Wenn wir uns an die Funktionen und den Aufbau des menschlichen Gehirns erinnern, dann sollte es uns nicht verwundern, wenn diese Form der Überzeugung häufig nicht fruchtet. Denn durch sachliche Argumente und Fakten sprechen wir die linke, die logisch denkende Gehirnhälfte an, in der auch das Nein entsteht. In der rechten Seite sind die Emotionen angesiedelt, hier lebt das Vertrauen, hier entstehen Bilder und Vorstellungen, hier werden kreative Gedanken entwickelt. Wissen Sie noch, wer siegt, wenn Verstand und Gefühl sich nicht vereinbaren lassen? In unserem *8. Grundgesetz der Lebensentfaltung* heißt es:

Im Streit zwischen Gefühl und Intellekt siegt immer das Gefühl.

Beispiel Werbung

Haben Sie unter diesem Aspekt einmal die Werbung betrachtet? Was wird im Zuschauer angesprochen, wenn er Bilder von schönen Landschaften, vom Sonnenuntergang am Meer, von schönen Menschen sieht, die eher beiläufig mit einem bestimmten Produkt – ob Auto, Bier, Sekt oder Süßigkeit – in Verbindung gebracht werden? Was suggerieren solche Bilder dem Betracher? Sehnsucht nach Romantik oder nach Sinnlichkeit wird gekoppelt mit einem ganz bestimmten Produkt. Im Kopf des Betrachters hat sich dieses Bild festgesetzt und ist im Unterbewusstsein verankert. Bei nächster Gelegenheit wird es – durch den Kauf des Produktes – realisiert. Emotionen sind eine starke Kraft und dem Verstand an Überzeugungsfähigkeit weit überlegen – egal, ob per Bild oder per Wort. Diesen Aspekt sollten Sie immer berücksichtigen. Wenn Sie überzeugen wollen, sollten Sie die

Emotionen Ihrer Zuhörer ansprechen, deren *rechte Gehirnhälfte* aktivieren.

Klare Ziele, klare Standpunkte

Werden Sie ein Meister in der Rhetorik, damit Sie Menschen führen und gemeinsame Ziele erreichen können. Die wichtigste Aufgabe einer Führungspersönlichkeit ist es zu verkaufen: Ideen, Visionen und Strategien. Verkaufen bedeutet Überzeugungsarbeit. Verkaufen kann man nur, wenn ein Konzept vorhanden ist, klare Ziele festgelegt sind, ein genauer Weg erarbeitet ist, sonst steuert man auf das Chaos zu. So ist das auch beim richtigen Sprechen. Es erfordert klares Denken und zielgerichtetes Planen. Nur wenn wir einen klaren Standpunkt haben, können wir klare Aussagen machen, die beim Zuhörer bzw. beim Gesprächspartner ankommen.

> **„Wer seinen Geist nicht durch die Redekunst ordnet und übt, liest auch alles zu oberflächlich."**
>
> Melanchton

Vorbereitung und Redeaufbau

Bevor wir ins Detail gehen und uns mit den verschiedenen Arten der Rede befassen, möchte ich hier einige Grundsätze aufführen. Daran sollten Sie bei Ihrer Vorbereitung und beim Aufbau Ihrer Rede immer denken:

Bei der Vorbereitung:

- Zielklarheit – Etappenplan – Zeitplan
- schriftliches Konzept erarbeiten
- alle Vorschläge genau durcharbeiten
- Argumente und Gegenargumente durchdenken

Bei der Rede, beim Gespräch:

- immer mit Konzept
- Zuhörer emotional ansprechen
- Vertrauen ausstrahlen
- Zuverlässigkeit signalisieren
- ein fester Standpunkt
- Ruhe und Konzentration
- eine Einleitung, die wie ein Blitz einschlägt
- eine Stimme, auf die man hört
- der richtige „Augen-Blick“
- Kontakt zu Ihrem Gesprächspartner
- eine suggestive Art zu sprechen
- Führen durch Fragen
- ein Schlusssatz, der zum Handeln auffordert

Die Elemente einer Rede

Eine Rede besteht sowohl aus einem *intellektuellen Teil,* der Vorbereitung, dem Sortieren der Gedanken, dem Aufschreiben der Stichpunkte, und einem *emotionalen Teil,* dem Vortrag selbst. Wie bei einem Menü mit Vorspeise, Hauptgang und Dessert oder bei einer Oper mit Ouvertüre, Hauptteil und Schlussakt gliedert sich auch eine Rede in drei Teile: *Einleitung, Hauptteil* und *Schluss.*

Bei einer guten Rede ist es wie in der Natur: Der Boden wird durch Pflügen und Eggen vorbereitet, dann wird die Saat gesetzt und später kann man die Früchte ernten.

1. Die Einleitung

Sprechen Sie von Ihrem Publikum, nicht von sich selbst

Der erste Satz entscheidet, ob dem Redner Aufmerksamkeit geschenkt wird oder nicht. Die Einleitung gibt Ihnen die Möglichkeit, sich beim Publikum beliebt zu machen, das Interesse zu wecken. Und das ist einfacher, als Sie denken. Aber was tun die meisten Menschen? Sie sprechen am liebsten, am längsten und am häufigsten *von sich selbst.* Warum wird nicht ein Grundbedürfnis des menschlichen Wesens berücksichtigt und *der andere* in den Mittelpunkt gestellt?

Sprechen Sie also nicht von sich – dazu haben Sie später reichlich Zeit und Gelegenheit –, sprechen Sie von den Belangen Ihres Publikums, schenken Sie ihm die Aufmerksamkeit. Zeigen Sie, dass der andere wichtig ist für Sie, dann setzen Sie einen positiven Kreislauf in Gang: Er ist wichtig für Sie, das macht Sie wichtig für ihn! Auch Gemeinsamkeiten verbinden: das Wetter am Morgen, der Stau bei der Anfahrt ... Mit solchen Themen geben Sie Ihren Zuhörern das Gefühl, einer von ihnen zu sein. Wenn Sie gleich am Anfang Sympathie in Ihren Zuhörern wecken, hören diese Ihnen besser zu, sind offen für Ihre Gedanken. Die rechte Gehirnhälfte wird angesprochen. Aktivieren Sie die emotionale Seite, fühlt sich Ihr Zuhörer gut, er entspannt sich, hört Ihnen zu, stimmt Ihnen zu. Auch eine konträre Meinung wird in einer solchen Atmosphäre viel eher akzeptiert. Und unterläuft Ihnen ein Fehler, hat das keine negative Auswirkung, denn Sympathie macht nachsichtig.

Nie mit einer Neuigkeit beginnen

Beginnen Sie jedoch mit einer Neuigkeit, also mit Fakten, wird die linke Gehirnhälfte aktiviert. Der Zuhörer stellt seinen Verstand ein, alles ist auf Abwehr programmiert – es könnte ja eine Veränderung drohen, etwas Neues, was noch nicht erprobt ist und demnach „Gefahr“ darstellt. Alle Argumente prallen ab, denn Ihr Gesprächspartner ist „zu“, hat „dicht gemacht“.

Selbst in kontroversen Diskussionen oder bei Streitgesprächen können Sie die Situation entschärfen und eine bessere Gesprächsbasis schaffen, wenn Sie zuerst einmal einen Punkt ansprechen, der Sie eint. Das Trennende kommt früh genug und ganz von selbst zur Sprache.

Beginnen Sie klein und steigern Sie sich langsam

Menschen, die an Minderwertigkeitskomplexen leiden, tendieren dazu, eine Rede mit einem Donnerschlag zu beginnen. Alle Aufmerksamkeit ist schlagartig beim Redner. Doch wer so groß beginnt, hält das Tempo nicht durch und wird meist von Wort zu Wort kleiner. Erfolgreicher ist der umgekehrte Weg: Klein anfangen und sich steigern – so wie ein Langstreckenläufer nicht gleich nach dem Start alle seine Energien verbraucht.

+++	---
Beginnen Sie mit einem Satz, der bei Ihren Zuhörern Zustimmung findet.	Nie mit einer Neuigkeit beginnen!
Finden Sie einen gemeinsamen Nenner, ein Thema, zu dem alle Ja sagen können.	Nie mit „ich" anfangen.

Beispiele:
„Dieser Tag ist für uns alle ein besonderer Tag."
„Wir haben das gleiche Ziel."
„Wahrscheinlich ging es Ihnen wie mir – Sie mussten lange nach einem Parkplatz suchen."
„Sie leiden sicher auch so unter dieser Hitze wie ich."
„München (Hamburg, Berlin ...) ist eine Stadt zum Wohlfühlen."
„Wenn Königinnen und Könige nach Königstein kommen, legt man den roten Teppich aus."

Dieses letzte Beispiel wird denjenigen Leserinnen und Lesern bekannt vorkommen, die bereits an meinem Rhetorikseminar teilgenommen oder sich die beiliegende CD angehört haben. Es ist der Eröffnungssatz, mit dem ich das Rhetorikseminar in meinem Institut in Königstein zu beginnen pflege. Vielleicht überprüfen Sie einmal, welche der vorgenannten Elemente einer Einleitung in diesem kleinen Satz enthalten sind!

Übung

So trainieren Sie den positiven Einstieg:

1. Schreiben Sie zehn Namen auf von Kunden, Kollegen, Freunden, Bekannten etc. Stellen Sie sich vor, Sie müssten eine Rede vor diesen Menschen halten. Welchen Einleitungssatz würden Sie verwenden, um sich gut einzuführen?

Zehn Namen: ____________________

____

Einleitungssatz: ____________________

____

2. Schreiben Sie fünf Situationen auf, in denen Sie eine Rede halten müssen. Überlegen Sie sich, mit welchem Publikum Sie es jeweils zu tun haben, und formulieren Sie einen Einleitungssatz.

1. Situation: ____________________

Einleitungssatz: ____________________

____

2. Situation: ____________________

Einleitungssatz: ____________________

____

3. Situation: ______________________________

Einleitungssatz: ______________________________

____

4. Situation: ______________________________

Einleitungssatz: ______________________________

____

5. Situation: ______________________________

Einleitungssatz: ______________________________

____

2. Der Hauptteil

Stimmt die Dramaturgie, schaut keiner auf die Uhr

Eine Rede ist wie ein Theaterstück: Stimmt die Dramaturgie, schaut keiner auf die Uhr. Haben Sie einmal beobachtet, was bei den meisten Reden geschieht? Schauen Sie die sogenannten Debatten im Bundestag an: Es wird gegähnt, sogar geschlafen oder man schwätzt mit einem Kollegen, arbeitet seine eigenen Akten durch. Spricht aber jemand, der nicht nur etwas zu sagen hat, sondern auch weiß, wie er überzeugend sprechen kann, hören alle zu, dann wird es still im Saal. Wie also muss eine Rede aufgebaut sein, die ankommt, die überzeugt, der man zuhört?

Drei Punkte

Nicht mehr als drei Hauptpunkte behandeln

In einer Rede sollten nicht mehr als *drei Hauptpunkte* behandelt werden. Einer der größten Fehler ist es, zu viele Informationen zu geben. Das verwirrt den Zuhörer –

am Ende weiß er nicht mehr, was eigentlich Sache ist. Viel mehr erreichen Sie, wenn Sie alles Überflüssige weglassen. Wir können diese Kunst des Weglassens von den Chinesen und Japanern lernen. Chinesische Tuschezeichnungen, die aus nur wenigen Strichen bestehen, sind eindrucksvoller und prägen sich besser ein als ein üppiges Gemälde. Eine einzelne Rose in einem Ikebana-Gesteck wirkt schöner als ein großer Strauß. Wie schon erwähnt, entfallen 80 Prozent auf die Vorbereitungsarbeiten für eine gute Rede. Arbeiten Sie so lange an Ihrem Text, bis sich die drei Hauptargumente klar herauskristallisiert haben. Orientieren Sie sich immer an Ihrem Ziel, an der Frage: Was will ich erreichen?

Die Dramaturgie

Aufbau von Spannung

So wie bei einem Krimi der Mörder erst in letzter Minute entlarvt wird, müssen Sie von Punkt zu Punkt die Spannung steigern. Wenn Ihnen das nicht gelingt, verlieren Sie die Aufmerksamkeit der Zuhörer – die Wirkung Ihrer Worte ist verpufft. Ein geschickter Aufbau der Rede fesselt den Zuhörer, er will wissen, wie es weitergeht, was Sie vorschlagen. Er ist gespannt und hört Ihnen mit voller Konzentration zu.

Das Hauptargument am Schluss

Der letzte Punkt ist der wichtigste – und darauf sollten Sie geschickt hinarbeiten. Den letzten Punkt behält man im Gedächtnis. Den ersten Punkt können Sie notfalls verschenken – oft ist dies sogar günstiger für den weiteren Gesprächsverlauf. Wenn Sie Ihrem Partner erst einmal Recht geben, fühlt er sich wohl, hat er doch schon einmal recht behalten. Sie hingegen haben bessere Karten für Ihre weiteren Argumente: Ihr Gesprächspartner ist entspannt und durch seinen „Sieg“ positiv gestimmt, die rechte Gehirnhälfte arbeitet bereits für Sie.

Die Wiederholung

Wiederholungen dienen einer besseren Gedächtnishaftung

Wenn Sie länger als 30 Minuten sprechen, dann sollten Sie Ihre Hauptpunkte häufiger wiederholen. Dazu ist keine Erklärung mehr nötig, die haben Sie ja bereits gegeben. Die Wiederholung dient dazu, das Gesagte im Gedächtnis zu vertiefen. Keine Sorge, das fällt Ihren Zuhörern nicht auf. Die Werbung macht uns das vor: Durch ständige Wiederholung prägt sich die Aussage beim potenziellen Kunden ein, irgendwann hat er die Botschaft verinnerlicht und kauft das Produkt. Ein guter Redner wiederholt deshalb seine Hauptpunkte, ein guter Verkäufer bleibt bei seinen Verkaufsargumenten. Ein schlechter Redner bringt ständig neue Informationen – nichts bleibt im Gedächtnis der Zuhörer; ein schlechter Verkäufer preist immer neue Vorzüge seiner Produkte an – der Kunde ist verwirrt, kann sich nicht entscheiden.

+++	---
Rede auf drei Hauptpunkte beschränken.	Zu viele Informationen.
Steigerung der Spannung.	Immer neue Argumente.
Wirkung durch Weglassen.	In Nebensächlichkeiten abschweifen.
Wiederholung der Hauptpunkte.	

Übung

Welche wichtigen Gespräche/Reden haben Sie in der nächsten Zeit zu führen/halten? Nichts ist schlimmer, als wenn ein Sprecher nicht zum Punkt kommt. Deshalb notieren Sie jetzt für Ihre nächsten beiden Gespräche/Reden jeweils die drei Hauptpunkte, auf die Sie Ihre Rede konzentrieren wollen. Diese Übung hilft Ihnen, sich auf das Wichtigste zu konzentrieren. Das Aufschreiben dieser Punkte ist ein hervorragendes Hilfsmittel, um für sich selbst herauszufinden, wo die Schwerpunkte liegen. Viele Menschen glauben, es reiche aus, sich gedanklich damit zu befassen. Das ist ein Irrtum. Probieren Sie es aus und Sie werden feststellen, dass sich durch das Aufschreiben die Hauptpunkte viel besser herauskristallisieren und Ihnen beim Schreiben eine Reihe überzeugender Argumente einfällt.

Gesprächsanlass: ______________________________

____

____

____

Gesprächsanlass: ______________________________

____

____

____

3. Der Schluss

Aufforderung zum Handeln

Dies ist der Moment, um vom Reden zum Handeln zu kommen, Ihre Zuhörer zum Handeln aufzufordern. Ein kurzer Rückblick durch Aufzählung der Argumente frischt das Gedächtnis auf. Sie haben Ihre Gelegenheit gut genutzt, haben Ihre Meinung auf den Punkt gebracht, haben Ihre Argumente eindrucksvoll dargestellt und haben Ihre Zuhörer überzeugt. Wenn Ihnen das gelungen ist, dann warten Ihre Zuhörer gerade zu darauf, dass Sie ihnen sagen, was sie tun sollen.

Weiches Durchsetzen

Sehen Sie sich erfolgreiche Menschen an. Sie haben sich weich durchgesetzt, haben ihren Willen in Watte gepackt, sind nicht mit dem Kopf durch die Wand gegangen. Nach diesem Erfolgsprinzip des *„weichen Durchsetzens“* können Sie eine gute Rede aufbauen. Das Schlusswort bleibt in Erinnerung. Es muss eine positive Formulierung sein, die die Zuhörer zum Handeln anregt. Überlegen Sie sich Ihren Schlusssatz deshalb ganz genau. Machen Sie konkrete Angaben, geben Sie klare Anweisungen, was bis wann erledigt sein soll. Besprechen Sie das Unterbewusstsein Ihrer Zuhörer. Je entspannter diese sind, desto mehr können Ihre Worte sie erreichen.

Angst vor Absagen

Verkäufer kennen sie alle – die sogenannte *„Abschlussangst“*. Anstatt den Kunden suggestiv zu beeinflussen, ihn zu programmieren, vergibt der ängstliche Verkäufer seine Chance, fragt höchstens schüchtern nach, anstatt sich der Situation zu stellen. Mit einer zum Handeln auffordernden Formulierung haben Sie gute Chancen zu gewinnen. Aber niemand kann immer gewinnen, deshalb will der Umgang mit Absagen gelernt sein. Zudem kommt es auch auf das Verhältnis von Erfolg und Misserfolg an. Ich denke, dass eine Misserfolgsquote von 30 Prozent realistisch und akzeptabel ist. Es ist ja nicht Ihr Ziel, everybody's darling zu sein – wie es *Bill Cosby* so treffend sagt:

„Ich weiß nicht, was der Schlüssel zum Erfolg ist – aber der Schlüssel zum Misserfolg liegt darin, dass man es allen recht machen will.“

Ihr Ziel ist Erfolg, beispielsweise in Form eines guten Abschlusses. Eine Absage ist nicht gleichbedeutend mit Misserfolg. Versuchen Sie es wieder. Denken Sie daran:

Hinfallen ist keine Schande, aber es ist eine Schande, liegen zu bleiben.

Die Führung übernehmen und behalten

Solange Sie Ihrem Gesprächspartner nicht eine konkrete Frage stellen, auf die er mit Ja oder Nein antworten kann, werden Sie nicht weiterkommen. Übernehmen Sie die Führung im Gespräch durch sogenannte geschlossene Fragen und zum Schluss sagen Sie, was zu tun ist. Das gilt auch für eine Rede. Wollen Sie Erfolg haben, wollen Sie führen? Dann dürfen Sie sich nicht hinter Allgemeinplätzen verschanzen, sondern müssen eine klare Linie vertreten. Sie müssen zum Ziel kommen, müssen Ihre Zuhörer konkret zum Handeln auffordern. Der Schlusssatz ist der entscheidende Satz für die Zukunft.

+++	---
Beim Schlusssatz eine positive Formulierung verwenden, die zum Handeln anregt.	Angst vor Absagen/Misserfolg. Eine Rede ohne einen vorher festgelegten Schlusssatz beenden.
Führen durch geschlossene Fragen.	

Beispiel:
Lassen Sie nicht zu, dass unsere Jugend immer mehr eine Null-Bock-Generation wird! Geben Sie den jungen Leuten eine Chance, stellen Sie 50 Prozent mehr Lehrlinge ein!"

Übung
Notieren Sie zu Ihren beiden Redebeispielen aus der letzten Übung (siehe Seite 128) die entsprechenden Aufforderungen zum Handeln. Die Betonung liegt auf „Forderung". Sie sollen nicht einen Vorschlag unterbreiten oder Ihr Publikum um etwas bitten, sondern klare Anweisungen erteilen. Der Zuhörer muss genau wissen, was er (wann und wie) tun soll.

Gesprächsanlass: ______________________

____

____

Gesprächsanlass: ______________________________

____

____

Beispiel Beispiel für den Aufbau einer Rede, in der Sie Ihrem Kunden eine neue Werbestrategie vorstellen:

1. Einleitung:
„Sicher geht es Ihnen wie mir. Wenn eine Brille auffallend schick ist, dann weiß ich sofort: Diese Brille kann nur von XY sein, denn das Design Ihrer Modelle ist einmalig."

2. Hauptteil im richtigen dramaturgischen Aufbau:
   - Situation und Konkurrenzanalyse (Interesse wecken)
   - Ziel der neuen Werbestrategie (Neugier wecken)
   - Vorstellen der Anzeigenkampagne und TV-Spots (Highlight – bleibt im Gedächtnis)

3. Schluss:
„Was fühlen Sie, wenn Sie die Fotos sehen? Haben Sie nicht auch den Wunsch, ein solches Modell besitzen zu wollen? Lassen Sie diese Bilder zehn Minuten auf sich wirken und nennen Sie mir drei Punkte, die Sie besonders ansprechen und überzeugen.„

Das Gespräch

Planung und Vorbereitung Die Vorbereitung auf ein Gespräch ist ebenso wichtig wie das Gespräch selbst. Sie sollten immer ganz genau wissen, *was* Sie wollen. Legen Sie dieses Ziel exakt fest, also keine vagen Vorstellungen, sondern konkrete Ziele, wie Abnahmemenge etc. Sorgen Sie dafür, dass Sie über alle Informationen verfügen, Ihre eigenen Unterlagen komplett und übersichtlich geordnet sind. Es wirkt sehr störend, wenn während des Gesprächs verzweifelt in der Tasche nach einem Prospekt gekramt wird.

Pünktlichkeit

Pünktlichkeit ist ein absolutes Muss. Auch hier sollten Sie vorausplanen und eventuelle Verzögerungen wie Verkehrsstau, Suche nach der richtigen Adresse etc. berücksichtigen. Im Notfall von unterwegs anrufen und Bescheid sagen, dass Sie später kommen.

Kleidung

Die richtige *Kleidung* wählen entsprechend Branche, Position, Anlass und Kunde. Und nicht vergessen: Knoblauch, Rauch, starke Duftwässer sorgen dafür, dass man Sie nicht riechen kann – und Ihnen die Gesprächsbasis entzogen ist.

Ort des Gesprächs

Die Wahl des *Gesprächsorts* ist keine Nebensache. Die Frage: Was wollen Sie erreichen? hilft Ihnen bei der Entscheidung. Ist es günstiger, sich auf neutralem Terrain, z.B. im Restaurant, zu treffen? Was signalisieren Sie mit einem solchen Vorschlag? Was sagt Ihr Angebot aus, zu Ihrem Gesprächspartner zu kommen? Wie fühlt er sich, wenn das Gespräch in Ihrem Büro, im Konferenzraum Ihrer Firma oder in seinem eigenen Büro stattfindet?

- Das Gespräch findet bei Ihrem Geschäftspartner statt: Sie wollen etwas von ihm.
- Das Gespräch findet bei Ihnen statt: Der andere will etwas von Ihnen.
- Die Geschäftsbeziehung ist massiv gestört: Bieten Sie an, zu Ihrem Geschäftspartner zu kommen, zeigen Sie ihm, dass Ihnen viel an einer Verbesserung der Situation liegt. Sie geben nach.
- Bestehen Sie auf einem Termin in Ihrem Hause,

fühlen Sie sich als der Stärkere, wollen Ihre Macht demonstrieren. Sie geben nicht nach.

Fragebogen: Gesprächsvorbereitung

- Welche Ziele visiert Ihr Gesprächspartner an?
- Wie ist die momentane Beziehung zwischen Ihrem Gesprächspartner und Ihnen (gut, angespannt, kühl ...)?
- Wo könnten mögliche Probleme (kritische Themen) auftauchen?
- Kennen Sie die Stärken und Schwächen Ihres Gesprächspartners?
- Wo können Sie eigene Stärken (z. B. Kenntnisse über die Firmeninterna des Gesprächspartners) besonders einsetzen?
- Welche eigenen Schwächen (z. B. Ungeduld) könnten Probleme verursachen?

4-W-Fragen

Die 4-W-Fragen helfen Ihnen, das geplante Gespräch richtig aufzubauen:

1. *Was* will ich erreichen?
2. *Wie* muss ich argumentieren?
3. *Welche Einwendungen* habe ich zu erwarten?
4. *Wie* kann ich diese *widerlegen?*

Übung

Entwickeln Sie eine Gesprächsstrategie anhand o. g. Punkte. Spielen Sie in Gedanken das Gespräch durch. Schreiben Sie Ihre Fragen auf. Stellen Sie sich genau vor, wie das Gespräch verlaufen könnte, was Ihr Partner antworten könnte. Gehen Sie alle Varianten durch. Achten Sie auf Details und geben Sie nicht die Führung ab.

Positive Gesprächsatmosphäre schaffen

Bemühen Sie sich während des Gesprächs immer um eine entspannte und lockere Atmosphäre, damit der Kunde/Partner sich wohl fühlt, in den Alpha-Zustand gelangt, damit die rechte Gehirnhälfte aktiviert wird. Zeigen Sie, dass Sie Zeit haben, sich auf das Gespräch freuen. Versetzen Sie sich in eine positive Stimmung! Schalten Sie alles aus, was stören könnte (Telefon, Handy).

Der Name ist wichtig

Der *Name* ist das wichtigste Wort im Leben eines Menschen. Doch wie sorglos gehen wir oft damit um und sind uns gar nicht über die Konsequenzen im Klaren. Wenn Sie den Namen eines Menschen verstümmeln, verletzen Sie seine Persönlichkeit. Es gibt Menschen, die öffnen nicht einmal ein Kuvert, wenn nur ein Buchstabe des Namens falsch geschrieben ist. Achten Sie ganz genau auf den Namen. Wenn Ihnen jemand vorgestellt wird und Sie verstehen den Namen nicht richtig, dann fragen Sie nach. Fragen Sie ruhig auch, wie sich komplizierte Namen schreiben. Sie signalisieren mit einer solchen Frage Interesse, zeigen, dass Ihnen Ihr Gegenüber wichtig ist. Reden Sie Ihren Gesprächspartner mit seinem Namen an. Und wenn Sie sich vorstellen, dann sagen Sie Ihren Namen deutlich, so dass ihn jeder richtig hört. Wissen Sie, wie James Bond sich vorstellt: *„Mein Name ist Bond, James Bond.“* Das vergisst so schnell keiner mehr! Sprechen Sie Ihren Namen dynamisch, unterlegen Sie ihn mit einer Sprachmelodie. Das ist ganz besonders hilfreich am Telefon, denn Sie geben dem anderen die Möglichkeit, Ihren Namen richtig zu verstehen. Schreiben Sie neue Namen gleich richtig auf – das prägt sich ein.

Der Gesprächsbeginn

Der erste Satz entscheidet über den weiteren Verlauf des Gesprächs

Ein Satz, dem Ihr Gesprächspartner spontan zustimmen kann, verschafft Ihnen den besten Einstieg. Holen Sie Ihren Gesprächspartner dort ab, wo er ist. Je mehr Sie über ihn wissen, desto gezielter können Sie ansetzen.

Sprechen Sie über ihn oder beginnen Sie mit einem Thema, das ihn interessiert.

Bei einem begeisterten Tennisspieler:
„War das Spiel X gegen Y gestern nicht spannend bis zur letzten Minute?"
Bei einem Feinschmecker:
„Kennen Sie schon das neue Restaurant in …?"

Keine Tür öffnen Sie mit Sätzen wie:
„Weil ich gerade in der Nähe war, komme ich auf einen Sprung vorbei."
„Ich habe nur eine halbe Stunde Zeit …"
„Eigentlich wollte ich heute gar nicht zu Ihnen kommen, aber …"

Der Hauptteil

Führen durch Fragen

Mit einer guten Fragetechnik, die Sie entsprechend der jeweiligen Thematik abwandeln, behalten Sie bei jedem Gespräch die Führung. Die Fragen müssen so formuliert werden, dass der Kunden ohne weiteres zustimmen kann. Jedes Ja des Gesprächspartners vergrößert seine Bereitschaft, Ihren Argumenten zu folgen und sich Ihrer Meinung anzuschließen. Es geht also darum, das Gespräch von Anfang an in die von Ihnen gewünschte Richtung (= Ziel) zu lenken. Sie sammeln dabei die für Sie notwendigen Fakten und können dann konkret Ihre Fragen so stellen, dass Ihr Partner eine positive Antwort gibt. Das ist nur möglich, wenn Sie gut vorbereitet in das Gespräch gehen, gut zuhören und auf die Körpersprache achten.

Beispiel

Nehmen wir an, Sie wollen Ihren Gesprächspartner davon überzeugen, dass ein Rhetorikkurs ihm helfen würde, erfolgreicher zu werden.

1. Frage nach dem *Sinn*
„Nur wer richtig reden kann, kann Erfolg haben. Überzeugen, motivieren, begeistern – ohne Kommunikationsfähigkeit geht das nicht."

2. Wie war das *früher?*
„Die Wirkung der Worte wurde oft unterschätzt, man hat geglaubt Prospekte, Fakten und Zahlen reichen aus, um andere überzeugen zu können."

3. Wie ist es *heute?*
„Im Zeitalter der Globalisierung ist eine Solistenkarriere nicht mehr möglich. Rhetorische Fähigkeiten sind unerlässlich, um im Team arbeiten zu können. Wer reden kann, wird vorgeschickt."

4. Wie wird es in der *Zukunft* sein?
„Die Überzeugungsfähigkeit wird im zunehmend schärferen Wettbewerb einen noch höheren Stellenwert erlangen. Führungspersönlichkeiten sind Meister der Überzeugungskraft."

Einfaches Gesprächsschema

Das Prinzip dieses *Gesprächsaufbaus* ist einfach:
Vergangenheit – Gegenwart – Zukunft

Bei dieser Technik ist es für den Zuhörer einfach, Ihnen und Ihren Gedanken zu folgen. Er kann sich mit Ihren Argumenten identifizieren (Ja-Antworten), hat Vertrauen zu Ihnen, öffnet sich für Ihre Vorschläge – ist bereit, mit Ihnen in die Zukunft zu gehen.

Argumentation

Ihre *Argumente* sollten Sie begründen und belegen können (am besten mit Beispielen). Heben Sie das hervor, was Ihr Produkt von anderen unterscheidet. Die Kunst der Überzeugung liegt darin, die positiven

Aspekte zu betonen – und nicht darin, die Konkurrenz schlecht zu machen.

Frageformen

Frage ist nicht gleich Frage. Befassen Sie sich einmal genauer mit den unterschiedlichen *Frageformen:*

- Die *Suggestivfrage* erscheint nur im ersten Moment positiv, denn der andere fühlt sich dadurch leicht bedrängt. Deshalb besser mit Worten wie „etwa", „möglicherweise" etc. abschwächen: *„Sind Sie nicht vielleicht auch der Meinung, dass dieser Entschluss ungünstig für Ihr Unternehmen sein könnte?"*

- Die *Bestätigungsfrage* kann hilfreich sein, wenn Sie Zeit gewinnen wollen und sicher gehen möchten, dass Ihr Gesprächspartner Ihnen noch aufmerksam zuhört: *„Erscheint Ihnen diese Lösung plausibel?"*

- Die *Fangfrage* kann helfen, zu Informationen zu gelangen, die direkt nicht zu erfragen sind: *„Von XY habe ich gehört, dass bei Ihnen erhebliche Veränderungen geplant sind. Ich hoffe, Ihr Gebiet ist davon nicht betroffen."*

- Die *Rückfrage* lässt Sie Zeit gewinnen, außerdem können Sie ein Thema vertiefen: *„Was meinen Sie damit?"*

Beziehungsmanagement

Und ein Wort zu den *Beziehungen:* Wirklich gute Beziehungen – ob privat oder geschäftlich – erhalten Sie sich nur, wenn Sie wissen, was in Ihren Mitmenschen vorgeht, wenn Sie sich immer wieder fragen: Was braucht dieser Mitarbeiter/Kunde/Kollege/Freund wirklich? Denken Sie langfristig, versetzen Sie sich in seine Situation, holen Sie ihn dort ab, wo er sich befindet. Praktisch gesehen bedeutet dies, dass Sie einem Kunden, der bisher noch nicht mit einem Computer gearbeitet hat, nicht gleich das neueste Modell vorstellen, sondern ihn von seinem Wissensstand aus dorthin führen, wo Sie ihn haben möchten. Oder Sie mögen vielleicht zu der Meinung gelangen, dass Ihr Kunde Ihr neuestes Produkt nicht wirklich benötigt. Verzichten Sie darauf, es ihm verkaufen zu wollen. Dieser kleine „Verlust" ist eine Investition in die Zukunft. Ihr Kunde merkt sehr wohl, dass Sie nicht Ihrer Absatzzahlen wegen alles verkaufen wollen, sondern ein echter Berater, ein Freund sind. Er weiß, dass Sie nicht an sich selbst, sondern an ihn denken. Das zahlt sich aus.

Fragen Sie sich, was braucht mein Freund wirklich? Vielleicht bemerken Sie dann, dass er Zuspruch nötig hat und keine guten Ratschläge. Versetzen Sie sich immer wieder in die Lage Ihrer Mitmenschen, betrachten Sie die Situation aus ihren Augen. Aus dem Verständnis heraus können Sie viel besser Ihre Gespräche führen.

Loben Sie, aber nur wenn Sie es ehrlich meinen

Sprechen Sie die *Emotionen* an, aber ehrlich! Loben Sie, sprechen Sie über die tolle TV-Werbung, die Ihr Kunde macht – gratulieren Sie ihm dazu. Oder sagen Sie ihm, wie gern Sie in seiner Firma anrufen, seit er die neue, freundliche Telefonistin hat … Vergessen Sie nie, wie wichtig das Gefühl ist. Positive Bemerkungen, Komplimente kommen immer gut an. Pluspunkte sammeln Sie mit Bemerkungen, wie „Sie sind so sympathisch, haben so viel Fachwissen …" – vorausgesetzt natürlich es stimmt. Ihr Gegenüber spürt sehr wohl, ob Sie Ihre Worte ernst meinen oder ob Sie nur einen bestimmten Zweck damit verfolgen wollen. Aber Sie werden überall einen Grund für ein nettes Wort finden können, wenn

Sie es wollen. Gefühle – die eigenen und die der anderen – spielen eine Hauptrolle in der Rhetorik und auf Gefühlsbasis erreichen Sie weit mehr als über den Kopf.

Übung

Verbessern Sie Ihre Fähigkeit, die Gefühlsebene anzusprechen. Wählen Sie fünf Menschen aus, mit denen Sie häufig zu tun haben. Formulieren Sie jeweils einen ehrlichen Satz, der das Herz erreicht. Herr Neumann hat ein Faible für Krawatten – bewundern Sie seine neueste Errungenschaft …

Name: ______________________________

____

Name: ______________________________

____

Name: ______________________________

____

Name: ______________________________

____

Name: ______________________________

____

Körpersprache

Achten Sie auf *Körpersprache* und Stimme. Sie können Einfluss auf der nonverbalen Ebene auf Ihr Gegenüber nehmen. Das beste Beispiel dafür sind Liebespaare, die – ohne sich dessen bewusst zu sein – häufig die Körperhaltung des Geliebten annehmen. Ein Ausdruck großer innerer Harmonie und Übereinstimmung. Sie können bewusst ein solches Gefühl aufbauen, indem Sie die Haltung Ihres Gesprächspartners einnehmen. Wenn er beispielsweise mit der rechten Hand das Kinn stützt und Sie die gleiche Haltung haben, bedeuten Sie ihm mit der Sprache Ihres Körpers „ich stimme dir zu". Unbewusst empfängt Ihr Partner dieses Signal; fühlt sich wohl, öffnet sich noch mehr für Sie und Ihre Argumente.

Diese „Sprache" kann jedoch nur dann wirken, wenn Sie auch Ihrer inneren Überzeugung entspricht. Ist Ihnen Ihr Gesprächspartner zutiefst unsympathisch oder sind Sie verärgert, dann wird auch die nonverbale Kommunikation davon betroffen sein. Sollten Sie dennoch die Haltung Ihres Gegenübers imitieren, wirkt dies unecht und wird von ihm auch so wahrgenommen. Ein Minimum an innerer Übereinstimmung muss vorhanden sein, sonst kommt die nonverbale Message nicht an. Kleine Gesten mit großer Wirkung: Nicken Sie zustimmend mit dem Kopf, beugen Sie den Oberkörper etwas nach vorn.

Der Schluss

Den richtigen Zeitpunkt finden

Finden Sie den richtigen Zeitpunkt für das Ende des Gesprächs. Beachten Sie, ob Ihr Gesprächspartner noch konzentriert bei der Sache ist oder ob er auf die Uhr schaut, die Sekretärin zum dritten Mal stört etc. Wenn Ihr Kunde noch nicht abschlussbereit ist, dann drängen Sie ihn nicht. Vereinbaren Sie lieber einen neuen Termin.

Aufforderung zum Handeln

Fassen Sie kurz die wesentlichen Punkte zusammen und dann kommt das Wichtigste: die *Aufforderung zum Handeln.* Nachdem Sie kurz alle Vorteile des neuen Wagens erwähnt haben, fordern Sie Ihren Kunden auf, einen Termin für eine Probefahrt zu vereinbaren: „Rufen Sie mich bitte morgen an, damit wir einen Termin vereinbaren können."

Gute Verkäufer – und das wollen wir alle sein – geben einen posthypnotischen Befehl (siehe Seite 37), aktivieren die rechte Gehirnhälfte, sprechen die emotionale Seite an! Im Unterbewusstsein Ihres Gesprächspartners entfalten Ihre Worte ihre Wirkung. Probieren Sie es aus!

Beispiele für konkrete Aufforderungen

In meinen Seminaren erlebe ich immer wieder, wie schwer es den meisten Menschen fällt, eine konkrete Aufforderung auszusprechen. Um diese Hemmschwelle abzubauen, will ich hier ein paar Beispiele aufführen. Verniedlichen Sie Ihre Aufforderung nicht, machen Sie nicht eine kleine Bitte daraus. Es muss eine *Auf-forderung* sein. Nur so können Sie etwas bewirken, egal ob Sie ein Auto verkaufen, Mitglieder für Ihre Partei werben oder Ihren Sohn zum Lernen motivieren wollen.

- *„Bitte rufen Sie mich morgen gegen 15 Uhr an."*
- *„Bestellen Sie zehn Exemplare."*
- *„Trinken Sie regelmäßig diesen Saft und Ihr Körper erhält alle Vitamine, die er braucht."*
- *„Kommen Sie zu dieser Veranstaltung – ich freue mich auf Sie."*
- *„Besprechen Sie das Unterbewusstsein Ihres Gesprächspartners, sonst tut es ein anderer!"*

Übung

Und jetzt sind Sie dran: Notieren Sie fünf weitere Abschlusssätze .

____

____

____

____

Tipps für die erfolgreiche Gesprächsführung

- Für eine entspannte Atmosphäre sorgen, die emotionale Ebene ansprechen, das Unterbewusstsein des Partners besprechen.
- Durch Fragen führen.
- Bei unterschiedlicher Meinung das Verbindende herausstellen.
- Was zählt, sind allein die Wünsche Ihres Kunden. Diesen interessiert es wenig, welche Ziele und Absichten Sie haben. Achten Sie unbedingt auf diesen Aspekt bei Ihrer Argumentation.
- Anstelle von Nein, lieber mit *„Ja, aber …“* argumentieren.
- Weich formulieren, wie *„Ich verstehe Ihre Situation, doch ist hier die Lage anders.“*
- Nicht angreifen, sondern in die Defensive gehen: *„Ich habe das so und so gemeint …“*
- Das gilt auch, wenn Sie widersprechen: Stimmen Sie grundsätzlich erst einmal zu (der Partner verschließt sich nicht!), und erheben Sie dann Ihren Einwand: *„Im Prinzip haben Sie ganz recht, dennoch in diesem Fall …“*
- Schweigen ist manchmal besser als eine schlechte Antwort. Übergehen Sie unangenehme Fragen geschickt. Wenn Sie sich gut vorbereitet haben, dann sind Sie auf solche Fragen vorbereitet und können mit Formulierungen, wie *„dabei fällt mir ein …“* auf ein anderes Thema lenken.

– Interesse signalisieren Sie durch Nachfragen: „*Habe ich das richtig verstanden …*“
– Im Gedächtnis bleibt der letzte Satz. Nutzen Sie dies, wenn Sie Ihren Gesprächspartner beeinflussen wollen.
– Veranlassen Sie den anderen, seine Argumente zu wiederholen, damit gewinnen Sie Zeit und signalisieren zugleich großes Interesse an der Meinung Ihres Gegenübers.
– Probleme nicht geballt ansprechen, lieber in kleinen Häppchen verpackt servieren.
– Hören Sie mehr zu, als Sie sprechen.
– Kurze knappe Sätze prägen sich besser ein.
– Lassen Sie Ihrem Partner Zeit zum Denken und zum Antworten.

Allgemeine Formulierungshilfen

Sagen Sie nicht:	Sagen Sie besser:
Sie haben mich falsch verstanden	Ich meinte
Sie müssen das tun	Sie sollten/könnten … es wäre gut, …
Im Mai können wir nicht liefern	Wir können Anfang Juni liefern
Das ist doch falsch	Sind Sie sicher, dass Ihre Zahlen stimmen?
Das kann doch nicht wahr sein!	Ihre Ansicht erstaunt mich
Das sehe ich anders	Das sehe ich so und so

Mögliche Fehlerquellen beim Gespräch

– Fehleinschätzung des Gesprächspartners.
– Ungenügende Vorbereitung, Ihre Informationen sind nicht up-to-date. Folge: Sie werden überrascht, verlieren dadurch die Führung des Gesprächs.
– Die meisten Menschen sind zu schnell, springen von der Vergangenheit zur Zukunft, lassen dem Gesprächspartner keine Zeit für die Gegenwart. Aus der gegenwärtigen Situation können Sie viel besser eine zukunftsorientierte Lösung entwickeln.

- Sie reden zu viel (siehe Thema Zuhören, Seite 102). Zu viel zu reden ist immer ein Zeichen von Nervosität, von Schwäche. Hören Sie zu, lassen Sie den Kunden reden. Vielleicht hat er sonst nicht viel zu sagen und freut sich, dass er sich bei Ihnen ausleben kann (emotionale Ebene!). Sie sprechen, auch wenn Sie nicht sprechen (siehe Körpersprache!).
- Die emotionale Ebene wird häufig nicht angesprochen (rechte Gehirnhälfte).
- Aufforderung zum Handeln wird nicht konkret erteilt.

Die Rede

Vorbereitung

Eine gute Rede bleibt im Gedächtnis. Denken Sie nur an die eingangs erwähnte Rede von Martin Luther King. Eine Rede, die beeindruckt, die etwas bewirkt, will gut vorbereitet sein. Um Wiederholungen zu vermeiden, begnügen wir uns bei unseren Hinweisen für die Vorbereitung der Rede mit Stichpunkten und bitten Sie ansonsten, zum Kapitel „Gespräch" zurückzublättern.

Planung und Vorbereitung

- Ort
- Zeit
- Räumlichkeiten
- Garderobe, Klimaanlage
- Welche technischen Hilfsmittel brauchen Sie, sind sie funktionsfähig, können Sie damit umgehen?
- Sind alle Unterlagen in der Reihenfolge, wie benötigt, vorhanden.

Sitzordnung

Achten Sie darauf, dass Plätze für VIPs freigehalten werden, jemand sie zu diesen Sitzen führt oder die Sitze entsprechend mit Namensschildern versehen sind.

Wenn Sie davon ausgehen können, dass einige Zuhörer kommen werden, die Ihnen nicht so sehr gewogen sind: Sorgen Sie dafür, dass diese *nicht zusammensitzen* und vor allem *nicht in Ihrem Blickfeld sitzen*. Lassen Sie sie an den äußeren Rändern Platz nehmen.

Beispiel für eine gelungene Rede

Welchen Eindruck vermittelt Ihnen ein Mann, der ohne Unterlagen zum Rednerpult geht, dabei rechts und links freundlich lächelnd ins Publikum schaut, den einen oder anderen Bekannten grüßt? Und jetzt stellen Sie sich einen Mann vor, der mit seinem Konzept in der Hand nach vorne geht. Sein Blick ist auf das Konzept gerichtet. Er schaut weder rechts noch links. – Wer von beiden ist wohl mehr auf das, was er sagen will, konzentriert? Wen halten Sie für kompetenter? Am Pult angekommen steht unser Mann gerade, beide Füße fest auf dem Boden, das Gewicht ist gleichmäßig verteilt. Seine Hände liegen auf dem Pult, nicht zu weit und nicht zu nah beieinander. Sein Blick ist auf das Konzept gerichtet. Seine volle Konzentration gilt seinen Gedanken, seinen Argumenten. Seine ganze Aufmerksamkeit ist wie ein Laserstrahl gebündelt auf seine Rede gerichtet. Das Publikum spürt die Konzentration und ohne ein Wort sagen zu müssen wird es still im Saal. Dennoch fängt der Redner nicht sofort an zu sprechen, er wartet noch eine knappe Minute. Dann ist er soweit. Er hat seine Gedanken gesammelt, seine Nerven unter Kontrolle. Er hebt den Blick – schweigend. Es ist absolute Ruhe im Raum. Erst dann öffnet er den Mund und beginnt mit seiner Rede.

Seine Sätze sind kurz und prägnant, seine Stimme klar und seine Sprache deutlich. Durch wechselnden Tonfall, Sprechgeschwindigkeit und Pausen hält er das Interesse der Zuhörer wach. Seine Körpersprache steht im Einklang mit seinen Worten, seine Gestik unterstützt das

Gesagte – er spricht eindrucksvoll und überzeugend. Die Zuhörer können sich mit seinen Argumenten identifizieren. Die Spannung steigt – jeder will wissen, wie es weitergeht. Aber am meisten interessiert es die Zuhörer, was er vorschlägt, was sie tun sollen. Mit einem Appell an die Zuhörerschaft beendet unser Redner seinen Vortrag.

Lassen Sie uns nun die Details dieser gelungenen Rede betrachten:

Das Konzept

Gedankenstütze und Zeichen für Professionalität

Irrtümlicherweise glauben viele Menschen, dass eine freie Rede ohne jegliche Unterlagen gehalten werden müsste, dass ein Konzept Gedächtnis- oder Konzentrationsschwäche anzeigen würde. Dem ist nicht so. Ein sichtbares Konzept gehört zu jeder Rede, zu jedem Vortrag und zu jeder Ansprache – und sei sie noch so kurz. Ein Konzept dient als Gedankenstütze. Und selbst wenn Sie Ihre Rede wirklich in- und auswendig können, dann sollten Sie es trotzdem in der Hand halten. Das Wichtigste ist nämlich, dass das Stück Papier Ihren Zuhörern vermittelt, dass Sie sich wirklich vorbereitet haben, dass Ihre Zuhörer Ihnen wichtig sind. Das Konzept dient somit auch der Imagepflege und wertet Ihre Argumente auf.

Der Weg nach vorn

Konzentration und Kompetenz vermitteln

Wer locker, flockig nach vorn geht, ins Publikum lächelt, vermittelt keinen kompetenten Eindruck. Ein solcher Redner hat bereits viele Punkte vergeben, bevor er überhaupt den Mund geöffnet hat. Er wird nicht ernst genommen. Wer etwas zu sagen hat, muss dies auch optisch darstellen. Denken Sie an den ersten Eindruck – sieben Sekunden reichen aus! Konzentration, Seriosität und Ruhe – das strahlt Persönlichkeit aus. Beobachten Sie Schauspieler, Hochseilartisten oder Politiker kurz vor einem wichtigen Auftritt. Jeder konzentriert sich, stellt sich mental auf den Auftritt, die Rede ein, ist ganz in sich und bei bei sich. Keine Äußerlichkeit stört ihn. Wie turbulent geht es in den Umkleidekabinen der Artisten, in der Garderobe des Theaters kurz vor dem Auftritt zu. Dennoch sitzt der Star des Abends wie ein Fels in der Brandung, sieht nicht, was um ihn herum geschieht, hört nicht die Stimmen, den Lärm. Er ist nur auf sich und seinen bevorstehenden Auftritt konzentriert. Einem guten Redner geht es nicht anders.

Ruhe und Standfestigkeit

Auf dem Weg nach vorn sammelt er noch einmal seine Gedanken, atmet bewusst, kommt zur Ruhe. Am Pult angekommen legt er sein Konzept vor sich. Er nimmt seine Position ein: fest verankert am Boden – ein standfester Typ. Das Gewicht ist gleichmäßig auf beide Beine verlagert, die Füsse stehen auf dem Boden. Nichts kann ihn aus dem Gleichgewicht bringen. Seine Hände legt er auf das Pult, nimmt es in Besitz. Er ist immer auf sich selbst konzentriert. Wenn er soweit ist, hebt er den Blick. Seine Augen wählen einen Zuhörer aus, er lässt den Blick auf ihm ruhen, lächelt ihn an und wartet, bis der Zuhörer zurücklächelt. Dann erst beginnt er zu sprechen.

Die Rede selbst

Überzeugungskraft und positive Grundstimmung

Dem ersten Satz kann das Publikum zustimmen, ein Gefühl der Gemeinsamkeit ist vorhanden, die Stimmung ist positiv. Jeder ist bereit, den Ausführungen des Redners zu folgen, ist bereit, seine Gedanken auf sich wirken zu lassen. Seine Überzeugung, seine Begeisterung liegt in seiner Stimme und überträgt sich auf das Publikum. Doch nicht nur seine Stimme spricht, mit Mimik und Gestik unterstreicht er die Bedeutung seiner Worte. Er blickt in das Publikum, schaut immer wieder einen anderen Zuhörer an. Jeder fühlt sich persönlich angesprochen, jeder ist aufmerksam und gespannt. Der Redner vermittelt Ruhe und Konzentration. Was wird er wohl als nächstes sagen, welche Lösung wird er vorschlagen. Der Redner überzeugt, weil Worte, Stimme und Körpersprache übereinstimmen. Hier verkauft nicht jemand eine Meinung, die er nicht wirklich vertritt. Hier „verkauft" jemand seine Überzeugung, seine Begeisterung, seine Vision.

Worte wirken lassen

Bei einer Überzeugungsrede sollten Sie etwas Zeit einplanen, bis Ihre Worte ihre Wirkung entfalten können. Denken Sie daran, dass auch eine Tablette eine „Inkubationszeit" benötigt, bis sie wirkt. Fremde Gedanken benötigen eine gewisse Wirkungszeit!

Redeaufbau (Einleitung, Hauptteil, Schluss)
siehe Seite 122.

Ansprechen der emotionalen Ebene
- Wir-Gefühl schaffen („ich bin wie Sie")
- Vertrauen vermitteln

Gute Formulierung

Kurze Sätze

Sprechen Sie in kurzen, verständlichen Sätzen und mit einer einprägsamen Wortwahl. Sprechen Sie die Sprache Ihres Publikums, behalten Sie sich die Fachsprache für das Fachpublikum vor. Vermeiden sollten Sie auch Fremdworte. Leicht macht man sich lächerlich, wenn man ein Wort nicht ganz korrekt benutzt und zudem hat unsere deutsche Sprache ausreichend Begriffe und Wörter, um alles richtig sagen zu können.

Visuelle Unterstützung

Was man sieht, behält man viel besser im Gedächtnis. Arbeiten Sie mit Bildern und Grafiken.

Sprache und Wortschatz

Keine abgedroschenen Phrasen

Wenn man bedenkt, dass die deutsche Sprache über 400.000 Wörter verfügt, wir uns aber mit etwa 4.000 Wörtern begnügen, um all das auszudrücken, was wir sagen wollen, so werden Sie mir zustimmen, dass dies ein erbärmliches Verhältnis ist. Eine Rede oder ein Gespräch, bei dem der Redner sich nicht richtig ausdrücken kann, wird mehr Enttäuschung denn Zustimmung ernten. Achten Sie auf Ihre Wortwahl, auf ständig wiederkehrende Formulierungen. Es ist nicht nur ermüdend, jemandem zuzuhören, der nur in abgedroschenen Phrasen redet, sondern es entstehen sogenannte innere Barrieren. Ihren Wortschatz können Sie mit einfachen, spielerischen Übungen erweitern. Wir geben Ihnen ein Beispiel.

Übung

Finden Sie zu den verwendeten Wörtern so viele sinnverwandte Begriffe wie möglich.

Er rannte mit den Akten unterm Arm durch das Haus.
Der Angestellte eilte mit den Unterlagen in der Hand durch die Firma.
Der Mitarbeiter hastete mit den Mappen in den Händen durch die Büros.

Floskeln und Füllwörter vermeiden

Sehr störend sind Floskeln, Füllworte und Unarten, wie das weitverbreitete „Ähh“ oder „Hmm“ etc. nach jedem Satz. Bilden Sie kurze Sätze, dann fällt es leichter, solche Fehler abzulegen. Nehmen Sie immer einmal wieder ein

Telefonat auf Tonband auf. So können Sie überprüfen, ob Sie Fortschritte gemacht haben.

Dialekt ja, aber dezent

Dialekt kann schön sein, wenn er nicht zu ausgeprägt ist. Stellen Sie sich einen Urbayern vor, der einem Hamburger Bier verkaufen möchte. Angefangen bei der Begrüßung mit „grüß Gott", deftiger bayerischer Aussprache und einer Verabschiedung mit „Servus" oder „Pfüdi" – Sie können sich vorstellen, wie erfolgreich ein solches Gespräch ist, vorausgesetzt der Hamburger versteht überhaupt, worum es geht.

Richtige Sprechtechnik

Pausen, Betonung, Spannungsbogen

Hören Sie Spitzenrednern zu. Vielleicht nehmen Sie einige Reden auf Band auf, um sie besser analysieren zu können. Wie bringt der Redner Spannung in seinen Vortrag, an welchen Stellen macht er Pause, wie beteiligt er aktiv die Zuhörer (indirekte Fragen). Suchen Sie sich Vorbilder.

Lassen Sie einen Text von fünf verschiedenen Personen laut vorlesen. Allein durch die Sprechtechnik, Betonung, Tonfall, Pausen werden Sie fünf verschiedene Reden hören – obwohl die Worte die gleichen sind!

Markieren Sie in Texten, die Sie laut vorlesen, die Stellen, an denen Sie Pause machen, unterstreichen Sie die Worte, die Sie betonen und sprechen Sie solche Texte dann auf Band. Kontrollieren Sie kritisch, was Sie dabei verbessern können. Üben Sie an einem Text so lange, bis er perfekt ist – bis Sie wirklich zufrieden sind.

Ausdrucksstarke Stimme

Die Stimme als Instrument

Ihre Stimme ist wie ein elektrisches Kabel, das Ihre innere Überzeugung zum Publikum transportiert. Die Stimme ist Ihr Instrument, das Sie wie ein Musiker eines Symphonieorchesters einsetzen können: mal sanft, mal kraftvoll, mal leise oder laut. Sie können nichts besseres für Ihre Stimme tun, als mein psychogenes Atem- und Stimmtraining täglich durchzuführen (siehe Seite 90).

Redekunst ist Beeinflussungskunst

Redekunst ist Beeinflussungskunst. Lassen Sie Ihre Überzeugung, Ihre message in die Zuhörer *hineinfließen.* Wenn Sie Ihre Mitmenschen nicht beeinflussen, dann tut es jemand anderes. Sie werden jetzt vielleicht einwenden, dass Sie gar nicht so viel Wert darauf legen, andere zu beeinflussen, weil Sie ein toleranter Mensch sind. Doch Toleranz kann auch Gleichgültigkeit sein. Wenn Sie Ihre Kinder nicht beeinflussen, sondern dies anderen überlassen, dann kann ich darin Gleichgültigkeit, jedoch keine Liebe sehen. Sie kennen das Input-Output-Prinzip: Geben Sie Wasser in eine Gießkanne, dann kommt Wasser heraus. Was lassen Sie in andere Menschen fließen? Beeinflussen Sie Ihre Kinder in positiver Weise, dann werden sie sich positiv entwickeln.

Ist Ihr Publikum offen und empfangsbereit?

Ein kleines Hindernis gibt es allerdings, denn Beeinflussung ist nur bei Menschen möglich, die offen dafür sind. Ein Sender kann ausstrahlen so viel er will, wenn der Empfänger nicht eingeschaltet ist. Wenn Ihre Zuhörer nicht empfangsbereit sind, können Sie keinen Einfluss auf sie nehmen. Doch das liegt auch wiederum an Ihnen. Ihre Zuhörer sind Ihr Spiegelbild. Besprechen Sie das Gedächtnis Ihrer Zuhörer zaghaft, brauchen Sie sich nicht über eine indifferente Einstellung zu wundern. Beeinflussungskunst ist also nicht nur, Einfluss auszuüben sondern auch Menschen zu öffnen. Je mehr sie sich öffnen, desto größer wird Ihre Einflusskraft.

Ruhe ausstrahlen

Ruhe überträgt sich

Eine Möglichkeit, Menschen empfangsbereit zu machen, liegt in der *Kraft der Ruhe.* Lernen Sie, die Ruhe zu spielen. Wer die Ruhe nicht einmal spielen kann, kann in einer kritischen Situation nicht ruhig sein. Der Weg zur Tribüne, zum Rednerpult gibt Ihnen Gelegenheit, zur Ruhe zu kommen. Wenn diese Ruhe wirklich tief aus Ihnen kommt, dann strahlt das aus. Ihre Ruhe überträgt sich auf Ihr Publikum – dazu ist kein einziges Wort nötig. Probieren Sie es aus. Gehen Sie hastig, wirken Sie nervös – und Ihr Publikum wird nervös. Deshalb ist ein tägliches Entspannungstraining (siehe Seite 34) so wichtig.

Übung

So können Sie trainieren, innerlich zur Ruhe zu kommen: Stellen Sie sich ruhig hin, schließen Sie die Augen. Sie werden merken, wie Ihr Herz anfängt, schneller zu schlagen. Der Adrenalinspiegel steigt, Sie fühlen Angst in sich aufsteigen. Nach vier Wochen Training werden Sie spüren, wie sich alles verbessert hat: Es dauert nur noch Sekunden und Ihr Blut fließt besser ab, die Herzfrequenz normalisiert sich und Sie spüren keine Angst mehr in sich, wenn Sie die Augen schließen. Mit dieser Übung erreichen Sie, dass Sie innerhalb von 10 Sekunden zur Ruhe und absoluter Konzentration finden können.

Zeichen seelischer Stabilität

Es verursacht den Menschen eine tiefe Angst, wenn sie die Augen geschlossen lassen sollen. Sie sehen nicht mehr, woher der Feind kommt. Doch der Feind liegt in einem selbst, in der Unsicherheit, in der Angst Fehler zu machen, nicht akzeptiert zu werden. Bei Kindern können Sie die seelische Stabilität und Gesundheit mit diesem Test feststellen. Wer die Augen drei Minuten geschlossen halten kann, ohne Angst zu bekommen, der ist psychisch okay.

Motorische Ruhe beruhigt auch die Nerven

Nehmen Sie Einfluss von außen nach innen. Wenn beispielsweise Ihre Hände vor Angst zittern, dann hilft es, wenn Sie die Hände ruhig halten, z. B. auf den Tisch legen. Sie werden bemerken, dass nicht nur die Hände ruhiger werden, sondern dass Sie insgesamt innerlich zur Ruhe finden. Die motorische Ruhe überträgt sich auf die Psyche. Auf diese Weise können Sie – von außen nach innen – durch langsames Gehen zum Pult zu innerer Ruhe kommen. In einem Zustand der Ruhe, öffnen sich Ihre Zuhörer für Sie, die emotionale Ebene wird angesprochen, das Unterbewusstsein kann programmiert werden.

Erste Hilfe

Ein Anti-Panik-Programm

Wenn Sie dennoch in Panik geraten sollten, wenden Sie dieses Notfall-Sofort-Hilfe-Programm an:

- Atmen Sie langsam aus, dann atmen Sie langsam wieder ein.
- Halten Sie die Luft vier Sekunden an.
- Nun atmen Sie langsam aus, dann langsam einatmen.
- Halten Sie die Luft vier Sekunden.

Wenn Sie dieses Programm sechs Mal wiederholen, dann werden Sie ein kleines Wunder erleben: Sie werden innerhalb von Sekunden ganz ruhig. Über die verlangsamte Atmung beruhigt sich Ihre Herzfrequenz, und zwar bis zu 20 Schläge in der Minute. Dadurch beruhigt sich das vegetative Nervensystem und Sie kommen zu innerer Ruhe.

Tägliches Ruhe-Training

Machen Sie es sich zur Gewohnheit, jeden Tag ein paar Mal einige Minuten bewusst zu Ruhe zu kommen. Schalten Sie einfach kurz ab: kein Telefon, kein Geräusch, keine Störung von außen. Sammeln Sie Ihre Gedanken, atmen Sie tief und konzentrieren Sie sich auf sich selbst. Einige Minuten im Alpha-Zustand machen einen neuen Menschen aus Ihnen, regenerieren Sie blitzschnell. Diese Entspannungs- und Ruhe-Übung ersetzt keine Autosuggestion.

Blickkontakt

Den Blick eines sympathischen Menschen suchen

Richten Sie Ihren freundlichen Blick auf einen Menschen im Publikum, der Ihnen symphatisch ist. Lesen Sie Ihre Rede nicht vom Blatt ab – die Menschen wollen einen Redner hören, keinen Vorleser! Außerdem haben Sie sonst keinen Blickkontakt – Ihre Worte können nicht wirken. Wenn Ihr Blick erwidert wird, dann können Sie einen anderen Zuhörer auswählen. Schauen Sie nicht hektisch von einem zum anderen, denn damit verursachen Sie Unruhe. Vergleichen Sie Ihren Blick mit dem Strahl einer Taschenlampe, den Sie rasch hin- und herschwenken. Was sehen Sie dabei? Nichts. Halten Sie die Lampe aber ruhig auf eine Stelle, können Sie den angestrahlten Punkt in Ruhe betrachten und werden auch Details wahrnehmen. Unruhige Augen, ein unsteter Blick verraten einen unruhigen Geist und bringen innere Unsicherheit nach außen.

Lächeln Sie!

Blicken Sie ruhig und Sie bleiben ruhig – schauen Sie dem anderen in die Augen. Dadurch werden Sie einmalig, dadurch behalten Sie die Situation im Griff. Ihr Lächeln sollte von innen kommen. Wenn Sie nicht mehr gewohnt sind zu lächeln, dann lächeln Sie sich bei jeder Gelegenheit einmal selbst an – beispielsweise morgens vor dem Spiegel. Dann lächeln Sie Bekannte, Kollegen an. Und zur Steigerung lächeln Sie jeden Tag mindestens eine fremde Person an, beispielsweise beim Tanken, im Zug, im Restaurant – ohne ein Wort mit ihr zu wechseln.

Selbstbewusstsein

Autosuggestionen helfen

Wichtiger als Fakten und Wissen ist ein gesundes Selbstbewusstsein. Haben Sie hier Probleme, dann arbeiten Sie mit entsprechenden Autosuggestionen. Unsicherheit wirkt sich negativ aus, Ihre Ausstrahlung leidet, das Publikum entgleitet Ihnen. Diese Autosuggestion stärkt Ihre Selbstbewusstsein:

Ich habe mich entschlossen, ein freier, mutiger und selbstsicherer Mensch zu werden.
Ich fühle es mit jedem Tag immer deutlicher und immer lebendiger, wie mein Auftreten und Sprechen schon freier, mutiger und selbstsicherer geworden sind.
Die Durchführung meiner täglichen Übungen gibt mir immer mehr Selbstvertrauen, immer mehr Mut und immer mehr Selbstsicherheit.
Ich bin erfüllt von neuer Lebensfreude und neuem Lebensmut. Dieses Gefühl der Lebensfreude und des Lebensmutes durchströmt mein ganzes Wesen.

Redetraining in drei Schritten

1. Lesen Sie Ihre Rede fünf Mal laut. Unterstreichen Sie die Worte, die Sie betonen wollen. In der Regel können Sie Ihren Text dann schon auswendig.

2. Sprechen Sie Ihre Rede vor einem Spiegel. Überprüfen Sie, ob Worte, Körpersprache, Mimik, Blick übereinstimmen. Sprechen Sie mit der richtigen Betonung, mit Pausen, mit eindringlicher Stimme, im überzeugenden Tonfall. Verinnerlichen Sie Ihre Rede – so dass Sie sie im Schlaf beherrschen. Die Wirkung kommt dann aus Ihrem Inneren – und erreicht das Innere Ihrer Zuhörer.

3. Halten Sie Ihre Rede vor Freunden oder Ihrer Familie.

Tipps für die erfolgreiche Rede

- Begrenzen Sie Ihren Redefluss. Je weniger Sie sprechen, desto mehr können sich Ihre Zuhörer öffnen.
- Probieren Sie die Magie der Pause aus.
  Halten Sie die Stille aus, warten Sie ab, was passiert.
- Bleiben Sie immer im Kontakt mit Ihren Zuhörern.
- Gesetz der Wiederholung: Nach spätestens 30 Minuten die wichtigsten Argumente zusammenfassen. Die Aufnahmefähigkeit des Gehirns nimmt nach 20 Minuten rapide ab. Das Gedächtnis braucht Pausen, um die Informationen zu verarbeiten. Wiederholung unterstützt diesen Prozess.
- Lassen Sie sich nicht auf eine Diskussion ein, wenn diese nicht ausdrücklich im Anschluss an Ihre Rede vorgesehen ist. Denn: Es melden sich in solchen Fällen entweder Menschen, die keine Ahnung haben oder grundsätzlich eine gegenteilige Auffassung vertreten. Eine solche Diskussion dient niemandem, sie ist sinnlos, alles wird totdiskutiert. Gehen Sie notfalls nur dann darauf ein, wenn Sie das absolute Schlusswort haben, die Wogen glätten und den Sachverhalt noch einmal zurechtrücken können.
- Lernen Sie von Moderatoren im Fernsehen. Schreiben Sie die Pluspunkte auf.
- Danken Sie zuerst allen größeren Gruppen etc., bevor Sie Ihren Dank an Einzelpersonen aussprechen.
- Loben Sie: Man kann immer etwas Positives über die Zuhörer sagen. Viele Menschen haben Angst, durch Lob und Anerkennung andere groß zu machen. Doch der Mensch braucht Streicheleinheiten. Die Amerikaner sind Meister in der Kunst des Lobens und Dankens: Studieren Sie die Reden von Bill Clinton oder Al Gore. Welchen Anteil haben Dank/Lob und Anerkennung in ihren Reden?

Mögliche Fehlerquellen

- Das Manuskript, ein Stift o. ä. fällt vom Pult auf den Boden. Instinktiv bückt sich der Redner, um den Gegenstand aufzuheben. – Tun Sie das niemals! Sie zeigen damit Ihrem Publikum, dass Ihnen der Stift wichtiger als Ihr Publikum ist.
- Hektik macht verdächtig. Kommen Sie zur Ruhe!
- Bei Reden, die von der Kamera aufgenommen werden, auf die richtige Kleidung, besonders die optimale Farbe achten: Tragen Sie keinen hellen Anzug für TV und Fotos, wählen Sie eine dunklere Farbe, die Kontraste schafft, beispielsweise dunkelblau.

Innere Sicherheit festigen

Um von innen heraus noch sicherer zu werden, sollten Sie einige Wochen mit folgender Autosuggestion arbeiten. Unser Ziel ist es ja nicht, wie Schauspieler nur eine Rolle zu spielen. Wir streben eine von innen kommende Veränderung an, so dass wir das darstellen, was wir denken und sind. Sprechen Sie den folgenden Text vor einem möglichst großen Spiegel, in dem Sie auch Ihre Körperhaltung sehen können. Nehmen Sie Blickkontakt mit sich selbst auf, lächeln Sie leicht und sprechen Sie mit überzeugender Stimme und ausdrucksvoller Betonung:

Autosuggestion

Ich bin fest entschlossen, eine einflussreiche Persönlichkeit zu werden.
Meine Stimme klingt ruhig und tief und bewirkt eine harmonische Atmosphäre.
Ich lerne, meine Kraft immer intensiver zu benutzen.
Ich weiß, wie man einen guten Kontakt herstellt und spüre meinen Einfluss.
Es ist ein gutes Gefühl, das Bewusstsein einer einflussreichen Persönlichkeit zu besitzen.
Ich beobachte, wie sich mein Gesprächspartner wohl fühlt und entspannt.

Meine Gesprächspartner sind von meiner fachlichen Qualifikation überzeugt und ich kenne ihre Wünsche und Ziele.
Ich bin eine einflussreiche Persönlichkeit und mein Einfluss wird immer größer und positiver.

Diese Übung sollten Sie einmal am Tag durchführen, wobei Sie den Text vier Mal nacheinander sprechen. Das dauert keine zehn Minuten. Diese Zeit sollten Sie für die Entwicklung Ihrer Persönlichkeit aufbringen – tanken oder schminken dauert länger! Sie werden sich Ihrer Selbst immer sicherer, Sie spüren, wie Ihr Unterbewusstsein für Sie arbeitet. Sie können sich auf sich, Ihr Gedächtnis, Ihren Körper verlassen. Ihre Persönlichkeit entfaltet sich, Ihre positive und sichere Ausstrahlung wird stärker. Und weil Sie an sich glauben – und dies auch ausstrahlen – glauben Ihre Zuhörer an Sie. Jeder Mensch, der große Ziele hat, hat diese Worte in sich. Hat er dies nicht, hat er auch keine großen Ziele.

Die Diskussion

Eine Situation von mehreren Seiten beleuchten

Nur kurz möchte ich auf Diskussionen eingehen. Im Fernsehen werden uns eine ganze Reihe mehr oder minder guter Diskussionsrunden und Talkshows präsentiert. Hier haben Sie hervorragende Beispiele, in positiver wie negativer Hinsicht, wie Diskussionen geführt werden bzw. wie man es besser nicht macht.

Sinn einer Diskussion ist es nicht, Recht zu haben oder zu behalten, sondern in einem offenen Gespräch unterschiedliche Aspekte einer Situation zu beleuchten. Ein Diskussionsleiter hat die Aufgabe, dafür zu sorgen, dass nicht vom Thema abgeschweift wird, Vielredner und notorische Unterbrecher gestoppt werden, auch Schüchterne zu Wort kommen.

Hier ein paar Tipps für den Diskussionsleiter im Umgang mit bestimmten Typen von Diskussionsteilnehmern:

Vielredner	freundlich, aber bestimmt unterbrechen
Abschweifer	unterbrechen und zur Sache zurückkommen
Superschlauer	mit feiner Ironie begegnen
Schüchterner	durch Fragen aktivieren
Streitlustiger	abblocken

Die Stehgreifrede

Kartei des Wissens

Wissen ist Macht – und das benötigen Sie ganz besonders bei der Stehgreifrede, also einem Anlass, bei dem Sie gebeten werden, ohne Vorbereitung zu sprechen. Legen Sie sich eine *Kartei des Wissens* an: Nehmen Sie 20 Karteikarten und schreiben Sie auf jede ein wichtiges Thema, beispielsweise Finanzen, Sport, Politik, Witze, Rede-Einleitung, Rede-Schlussworte etc.

Notieren Sie Informationen, das prägt sich besser ein

Sammeln Sie nun zu jedem dieser Themen Informationen, die Sie sogleich auf die entsprechende Karteikarte als Stichwort notieren. Sie werden erstaunt sein, welche Fülle von Informationen Sie ansammeln. Durch das Aufschreiben prägt sich die Information in Ihrem Langzeitgedächtnis ein. Auch wenn Sie eine Karte nach längerer Zeit in die Hand nehmen, haben Sie sofort alle Informationen abrufbereit in Ihrem Gedächtnis! Sie glauben das nicht? Dann schauen Sie in Ihr Fotoalbum, suchen Sie sich ein Bild aus Ihrer Schulzeit heraus. In dem Augenblick, indem Sie das Foto betrachten, fällt Ihnen die ganze Geschichte ein.

Sicherheit bei freien Reden

Ihre Karteikarten sind Ihre Stützen bei der freien Rede. Sie haben Ihr Wissen schwarz auf weiß – das verleiht

Sicherheit. Ein Blick auf Ihre Karteikarte zeigt Ihnen außerdem, dass Sie viel mehr Informationen haben als Sie benötigen. Auch das ist ein Pluspunkt, der Ihnen das Gefühl der intellektuellen Überlegenheit gibt. Und die Karteikarte, die Sie mit zum Rednerpult nehmen, hat einen weiteren Vorteil – sie ist fester als Papier und zittert nicht!

Wissen ist Macht und verschafft Ihnen Ruhe und Gelassenheit. Wissen ist aber nur dann Macht, wenn wir es in den richtigen Situationen parat haben und anwenden können. Und das kann trainiert werden.

Übung

Wählen Sie spontan jeden Tag ein Thema, zu dem Sie eine Stehgreifrede halten. Auf diese Weise trainieren Sie Ihre Fähigkeit, frei zu sprechen. Sprechen Sie jetzt jeweils drei Minuten zu folgenden Themen:

- Der Kugelschreiber
- Das Flugzeug
- Die Verspätung
- Die Straße
- Die Uhr
- Das Auto

Lassen Sie Ihren Gedanken freien Lauf!

Ich erlebe immer wieder in meinen Seminaren, dass es vielen Menschen schwer fällt, ihren Gedanken einfach freien Lauf zu lassen und auf sich und das in ihnen verankerte Wissen zu vertrauen. Ihr Unterbewusstsein ist Ihr bester Freund, lassen Sie sich von ihm helfen. Alles ist in Ihnen und Sie können auf dieses enorme Wissen zugreifen. Lernen Sie, wieder mehr sich selbst zu vertrauen, zu sich und Ihren Fähigkeiten zu stehen. Die Kartei des Wissens hilft Ihnen dabei – als Krücke für Ihr

Gedächtnis. Nutzen Sie dies – vertrauen Sie auf sich. Sie werden verblüfft sein, was Sie alles wissen und können.

Die Gegenrede

Meist wird nur über den Gegner gesprochen

Gut beobachten können wir die Gegenrede in Zeiten politischer Wahlen. Was hören wir da Tag für Tag? Eine Auflistung der Fehler, Versäumnisse und Fehlentscheidungen – damit werden wir konfrontiert. Und was verursacht dies in uns? Die Reaktionen sind sichtbar: von der Gleichgültigkeit bis hin zur totalen Ablehnung. Wir sind müde, von falschen Programmen und Misswirtschaften zu hören, deshalb schalten wir innerlich ab. Positiv empfinden wir es dagegen, wenn ein Politiker von den Plänen seiner eigenen Partei spricht, von seinem Programm, von Fortschritt und Zielen und was das dem Zuhörer alles bringen kann. Und er hat Erfolg. Im Zuhörer prägt sich das ein, was er hört: ein gutes Programm, eine gute Partei. Ein Stimmenzuwachs ist vorprogrammiert. – Woran liegt das?

Wiederholungen prägen sich ein

Je öfter Sie etwas hören (Wiederholungen), desto tiefer prägt es sich ein. Wenn der Vertreter für Milchprodukte nur die gesundheitsschädigenden Stoffe der Limonadengetränke aufführt, dann bleibt in Ihrem Gedächtnis das haften, was er ständig ausgesprochen hat, womit er Ihr Unterbewusstsein programmiert hat: das Limonadengetränk. Zu welchem Getränk werden Sie wohl greifen, wenn Sie das nächste Mal Durst haben? Richtig, zur Limonade, denn die hat sich eingeprägt. Wer im Wahlkampf ständig die Fehler der gegnerischen Partei aufführt, begeht selbst einen großen Fehler, denn er erreicht genau das Gegenteil von dem, was er eigentlich intendiert. Im Zuhörer prägt sich der Name der gegenerischen Partei ein, denn diesen Namen hört er ja am häufigsten.

Konzentration auf eigene Pluspunkte

Wenn wir dies berücksichtigen, dann sollte eine Gegenrede gar nicht schwer fallen. Wir haben unsere Kartei des Wissens, kennen alle Argumente, die für uns, unser Ziel, unser Produkt sprechen. Darauf müssen wir uns konzentrieren. Nicht den andern schlecht machen, nicht seine Argumente zerpflücken, sondern unsere positiven Punkte hervorheben, von unseren Erfolgen und Plänen sprechen, von den Vorteilen, die für den anderen dabei herausspringen.

Üben Sie die Gegenrede am besten mit Freunden, machen Sie ein Spiel daraus. Wählen Sie ein Thema. Ihr Freund spricht für Coca Cola, nennt es das Non-Plus-Ultra-Getränk, hebt alle Vorteile dieses Getränks hervor. Ihre Aufgabe ist es, die Gegenrede zu halten.

Beispiel Gegenrede

Beispiel:
„Es gibt Erfrischungsgetränke, die nicht nur den Durst löschen, sondern auch hervorragend schmecken, Körper und Geist anregen und zudem ausgesprochen gesund sind. In diese Getränke können Sie ohne weiteres Fleischstücke legen, sie werden nicht innerhalb einiger Stunden von aggressiven Stoffen aufgelöst. Solche Getränke schmecken in Zimmertemperatur ebenso gut wie eisgekühlt, können also auch gut beim Sport, bei Ausflügen mitgenommen werden. Sie werden in umweltfreundlichen Pappbehältern angeboten, die leicht sind, faltbar und praktisch zum Entsorgen. Mit frisch gemahlenem schwarzem Pfeffer und etwas Tobasco, mit frischen Früchten oder mit einem kleinen Schuss Cognac können Sie diese Getränke für die unterschiedlichsten Gelegenheiten abwandeln – rund um die Uhr. Entscheiden Sie sich für ein gesundes, erfrischendes und köstliches Getränk: Trinken Sie Tomatensaft!“

Nicht ein einziges Mal wurde der gegnerische Name erwähnt. Der Kunde erinnert sich nur an die von Ihnen aufgeführten Argumente – und greift zu Ihrem Produkt. Wer seinen Gegner ständig nennt, hält ihn wach im Bewusstsein der Zuhörer! Wenn wir immer wieder betonen „Coca Cola ist schlecht für die Gesundheit", prägt sich der Name immer mehr im Gedächtnis der Zuhörer ein. Was wir erreichen wollen ist jedoch, dass „Coca Cola" ersetzt wird durch unser Produkt. Also müssen wir es auch nennen.

Tipps für eine erfolgreiche Gegenrede:

- Wer für etwas ist, ist immer der Stärkere.
- Wer gegen etwas ist, ist der Schwächere, ist der Querulant, macht sich Feinde, gibt Angriffsfläche.
- Gehen Sie auf die gegnerischen Argumente ein, indem Sie sie umkehren und als Pro-Argument für Ihr Produkt nutzen.
- Vermeiden Sie das Wort „aber".

Übung

Wählen Sie ein Wort, das Sie erklären oder beschreiben wollen, ohne dieses direkt auszusprechen. Erläutern Sie Ihrer Sekretärin, Ihrem Partner auf diese Weise folgende Wörter:

- ein Buch
- eine Fernreise
- ein Sektfrühstück
- ein Seminarhotel

Machen Sie aus dieser Übung ein Ratespiel, indem Sie von Ihrem Zuhörer den gemeinten Begriff erraten lassen. Selbstverständlich können Sie die Übung mit weiteren Begriffen beliebig ausdehnen.

4.2 Umgang mit Störungen

Angst vorm Reden

Viele Menschen haben eine enorme Angst, vor einem größeren Publikum zu sprechen. Dies ist durchaus nachvollziehbar, besonders bei Menschen, die es nicht gewohnt sind, im Mittelpunkt des Interesses zu stehen und alle Augen auf sich gerichtet zu spüren. Nervosität und Lampenfieber sind in solchen Situationen normal. Aber einmal ist immer das erste Mal! Auch versierten Rednern ergeht es oft nicht viel besser. Sie haben vor jedem Vortrag ein flaues Gefühl im Magen. Manche Schauspieler behaupten, das gehöre dazu und wer kein Lampenfieber habe, der sei nicht mit Herz und Seele dabei. Das mag sicherlich unterschiedlich sein. Eines ist aber gewiss: Lampenfieber, Nervosität etc. wirken sich meist negativ auf das Geschehen aus und stellen besonders für die Betroffenen selbst ein Problem dar. Deshalb hier ein paar Tipps für den Umgang mit solchen Störungen.

Black-out, Lampenfieber & Co

Ein schreckliches Gefühl: Man hat sich wochenlang vorbereitet, hat vor Familie und Freunden geübt, stundenlang den Vortrag wiederholt. Und was passiert – man steht vor dem Publikum und das Gehirn ist leer. Panik pur! Der Mund wird trocken, die Hände feucht, mancher läuft rot an, mancher wird blass … Hier hat das Lampenfieber zugeschlagen! Jeder von uns kennt es, den einen befällt es bei Prüfungen, den anderen, wenn er als nüchterner Autofahrer in eine Polizeikontrolle gerät. Ob wir es Nervosität, Black-out oder Lampenfieber nennen, die Symptome sind die gleichen.

Selbst Profis sind nicht immun

Obwohl unser Hirn wie ausgestorben erscheint, sehen wir vor unserem geistigen Auge die lieben Kollegen, die sich amüsieren, hören die Sekretärin frohlocken. Eine unangenehme und peinliche Situation, tröstend nur der Gedanke, dass wir nicht allein sind. Dieser Virus hat schon die bekanntesten Redner befallen – überlebt hat es jeder. Sogar Schauspieler, zu deren Beruf das Reden gehört, sind nicht immun. Ich erinnere mich an eine Talkshow mit Romy Schneider, bei der sie so gut wie kein Wort hervorbrachte.

Keine Panik!

Das erste Gebot lautet: *Nicht aufregen!* Auch wenn dies leichter gesagt als getan ist. Aber Sie können einiges für sich tun, damit Sie mit Lampenfieber und Black-out besser klarkommen. Wissen sollten Sie, dass diese unangenehme Situation eine Reaktion des Körpers auf *Stress* ist. Die Rede erscheint uns als eine Gefahr, also wird das vegetative Nervensystem aktiv, mobilisiert Energien und schüttet Adrenalin aus. Den Rest kennen Sie.

Vorbeugung durch Entspannungstraining

Zur Vorbeugung sollten Sie sich täglich in den *Alpha-Zustand* versetzen. Dadurch stabilisiert sich Ihr vegetatives Nervensystem, d.h. Sie sind weniger anfällig für Stress. Zudem bewirkt diese Übung, dass Sie mehr innere Sicherheit gewinnen, weil Sie *wissen,* dass Sie zu innerer Ruhe finden können.

Rechtzeitige Vorbereitung

Setzen Sie sich nicht selbst noch unter Druck, indem Sie zu spät mit den Vorarbeiten beginnen. Lieber mehr Zeit als zu wenig, sollte Ihr Motto sein. Wenn Ihre Rede „steht", alle Unterlagen parat liegen, der Text geschrieben ist, so dass Sie ihn täglich sprechen können, dann gibt Ihnen das viel Sicherheit. In Ihrem Gedächtnis ist alles fest gespeichert, Sie beherrschen Ihre Rede wie im Schlaf. Sie wissen, Ihnen kann nichts passieren, denn alles ist in Ihrem Unterbewusstsein fest verankert.

Autosuggestionen zur Vorbeugung

Zur Vorbeugung helfen auch *Autosuggestionen.* Damit sollten Sie allerdings schon einige Wochen vor dem Termin beginnen. Denn eine Autosuggestion wirkt nur langfristig. Wenn Sie versuchen würden, vor einer Rede mit Autosuggestionen zur Ruhe zu kommen, würden Sie nur das Gegenteil bewirken.

Gedächtnistraining

Ein Training, das Ihnen nicht nur beim Lampenfieber zugute kommt, sondern eine Bereicherung für Ihr ganzes Leben darstellt, ist das *Gedächtnistraining.* Lernen Sie Gedichte auswendig, versuchen Sie sich an bestimmte zurückliegende Situationen zu erinnern, gehen Sie ins Detail. Erzählen Sie Märchen oder Geschichten und achten Sie darauf, dass Sie immer die gleichen Worte verwenden. Je besser trainiert Ihr Gedächtnis ist, desto leichter können Sie mit Black-outs umgehen.

Konzentration

Sprechen Sie vor Ihrer Rede nicht mit den Zuhörern. Überhaupt tut *Schweigen* und *Konzentration* gut: Sie erzeugen einen Energiestau – und Energie brauchen Sie!

Positives Denken

Auf die Einstellung kommt es an: Denken Sie positiv und glauben Sie an sich und Ihren Erfolg. Sie wissen ja, dass der Glaube Berge versetzt. Sagen Sie sich jeden Tag:

Ich bin hervorragend vorbereitet.
Ich bin ruhig und sicher.
Ich halte meine Rede gut und fließend.
Ich schaffe es.

Vermeiden Sie in Ihrer persönlichen Formulierung das Wort „nicht". Denken Sie nur positiv und formulieren Sie nur positiv! Streichen Sie also Vorsätze, wie „ich darf mich nicht versprechen" oder „ich darf nicht nervös sein" aus den Gedanken. Stellen Sie sich dabei vor, wie Sie vor

Ihrem Publikum stehen, überzeugend sprechen, wie Sie sich wohl fühlen und hören Sie den Applaus nach der Rede.

Letzter Check

Vor der Rede sollten Sie – sofern dies möglich ist – den Raum überprüfen. Ist alles okay? Funktioniert das Mikro, die Klimaanlage, sind genügend Stühle da, ist die Luft frisch oder sollte besser noch gelüftet werden? Je schlechter die Luft, desto schneller wird man müde! Sind Ihre Unterlagen vollständig und liegen in der richtigen Reihenfolge parat? Ein kritischer Blick auf Ihre Kleidung und in den Spiegel – ist alles okay? – All das gibt Ihnen Sicherheit, weil Sie von vornherein mögliche Fehlerquellen ausschalten.

Wenn's trotz allem passiert

Sie sind vorn, Sie reden gut und sicher und plötzlich ist es geschehen: Sie verlieren den Faden, wissen nicht mehr weiter – trotz aller Vorbereitung. Verzweifeln Sie nicht, auch hier gibt es noch einen Notanker:

- Wiederholen Sie den letzten Satz Ihrer Rede oder machen Sie eine Zusammenfassung. Dabei fällt Ihnen wahrscheinlich wieder ein, was Sie sagen wollten.
- Fahren Sie laut Konzept, das vor Ihnen liegt, mit dem nächsten Punkt fort – am besten mit einem Überleitungssatz, wie „Nun kommen wir zum nächsten Thema."
- Sprechen Sie langsamer, machen Sie eine Pause – schieben Sie destruktive Gedanken beiseite. Sagen Sie sich: „Ich schaffe es, ich kann es". Und Sie schaffen es.

Lösung à la Goethe

Und wenn wirklich gar nichts mehr geht, dann schweigen Sie einfach und warten. Leicht ist das nicht, aber das haben vor Ihnen schon andere erfolgreich praktiziert. Goethe zum Beispiel, der für sein ausgezeichnetes Gedächtnis und seine guten rhetorischen Fähigkeiten bekannt war, sollte im Jahre 1784 eine Rede zur Eröffnung des Ilmenauer Bergwerkes halten. Er hatte viele Persönlichkeiten dazu eingeladen und er sprach gut und ohne zu stocken. Aber plötzlich schien es so, als hätte er den Faden verloren, hätte – wie wir es heute nennen – einen Black-out. Jeder andere wäre verzweifelt, aber Goethe behielt die Nerven, er hielt die Stille aus, blickte mit festem Blick und ganz ruhig in seine Zuhörerschaft und wartete. Es dauerte mindestens zehn Minuten, bis er die Sprache wiederfand. Ohne ein Wort der Entschuldigung, des Bedauerns oder überhaupt diesen Vorfall zu erwähnen, sprach er wieder überzeugend und flüssig, tat, als sei nichts geschehen. – Sollte Ihnen das nicht ein Vorbild sein? Behalten Sie auch in schwierigen Situationen Ihre Nerven, Sie können nichts verlieren!

Pannen

Kontrolle vorab

Technische Pannen können Sie recht gut ausschließen oder zumindest minimieren, wenn Sie sich persönlich vor der Rede überzeugt haben, dass alles, was Sie benötigen, vorhanden und funktionsfähig ist. Vertrauen ist gut, Kontrolle ist besser.

Sollte trotzdem während des Vortrags ein Gerät ausfallen, nehmen Sie es mit Humor. Kommentieren Sie die Panne mit einer lockeren Bemerkung, wie

„Leider ist die Technik heute auch nicht mehr das, was sie einmal war.“
„Nun ist Ihre Phantasie gefragt …“ oder
„Wenn man sich auf die Technik verlässt, ist man verlassen.“

Provokation

Eine Frage der Erfahrung

Eine feste Regel kann ich Ihnen zu diesem Punkt nicht geben. Der Umgang mit Provokation erfordert vor allem *praktische Erfahrung.* Vielleicht können Sie in Ihrem Bekannten- und Freundeskreis mit einem sogenannten „heißen Stuhl“ üben:

Der Proband wird von verschiedenen Leuten verbal attackiert. Es wird ihm eine bestimmte Zeit zugestanden, um seine Gegenargumente zu formulieren. Gestalten Sie dies als Spiel und analysieren Sie die einzelnen Phasen. Welche Reaktion ist gut, welche Argumentation sollte man besser vermeiden …

Unterbrechungen und Zwischenrufe

Grundsätzlich sollten Sie sich durch eine (unhöfliche) Unterbrechung nicht stören lassen. Selbstverständlich muss man jeweils die Situation abwägen und flexibel reagieren können. Folgende Reaktionsmöglichkeiten schlage ich Ihnen vor:

- Sie ignorieren die Unterbrechung und sprechen einfach weiter. Das erfordert Nerven, denn nicht jeder gibt sogleich klein bei und hört auf zu reden. Wenn Sie diese Methode wählen, sollten Sie Durchhaltevermögen zeigen.
- Sie kündigen an seine Frage evtl. zu notieren und später zu beantworten. Tun Sie das dann auch wirklich, denn sonst werden Sie unglaubwürdig.
- Weisen Sie ihn zurück: *„Ich möchte erst meine Ausführungen beenden“, „Lassen Sie mich bitte ausreden“* oder direkt *„Bitte unterbrechen Sie mich nicht“.*
- Greifen Sie an: *„Ich habe Ihnen auch zugehört, dieselbe Höflichkeit erwarte ich von Ihnen.“*

Wichtige Tipps :
- Sich nicht aus dem Konzept bringen lassen.
- Sich beherrschen, Worte und Stimme im Griff haben, auch wenn Sie sich ärgern.
- Sich nicht unterbuttern lassen.
- Mit Humor kontern.

Schlagfertigkeit und Witz trainieren

Trainieren lassen sich auch Schlagfertigkeit und Witz. Lernen Sie von anderen, schreiben Sie sich besonders gelungene Redewendungen, Einwände, Bemerkungen auf – am besten auf eine Ihrer Karteikarten des Wissens. Ihr Unterbewusstsein hat alles parat, wenn Sie es benötigen.

4.3 Die perfekte Präsentation

Ihr Ziel: Menschen begeistern

Zum Abschluss möchte ich Ihnen ein Konzept mit auf den Weg geben, wie Sie eine Idee so präsentieren, dass Ihre Mitmenschen davon begeistert sind.

Sie haben von einem wirklich umwerfenden neuen Produkt erfahren, von dessen Marktchancen Sie absolut überzeugt sind. Sie möchten diese Novität in Ihr Programm aufnehmen und im Rahmen einer zündenden Präsentation Ihr Verkaufsteam dafür begeistern. Oder Sie möchten Ihre Ideen zu einer Neuorganisation bzw. Neustrukturierung des Verkaufs überzeugend präsentieren. Sie möchten, dass bei einem Feedback alle Zweifel ausgeräumt sind und alle Mitarbeiter bereit sind, Ihre Konzeption anzunehmen und engagiert umzusetzen.

Egal, wofür Sie sich entscheiden. Ihr Erfolg steht und fällt mit der Präsentation. Nur wer andere Menschen von einer Idee begeistern kann, wer seine Gedanken zündend vermitteln kann, schafft Motivation und Begeisterung für die Unternehmensziele.

Zwei Erfolgsfaktoren

Ausschlaggebend für den Erfolg sind zweierlei: die Vorbereitung, der intellektuelle Teil, und die emotionale Ebene des Vortrages, also das Feuer der Begeisterung, das auf die Zuhörer überspringt und positive Kettenreaktionen auslöst.

Die Vorbereitung der Präsentation

Wichtig: Abwechslungsreichtum

Welche Präsentationsmittel wähle ich? Video, Flipchart, Farbdias? – Die Präsentationstechniken sind weniger wichtig als die Erkenntnis, dass die Zuhörer nicht nur etwas hören, sondern auch etwas erleben wollen. Ein abwechslungsreicher, mit Folien und/oder Abbildungen, Skizzen, Organigrammen aufgelockerter Vortrag strapaziert zudem Konzentation und Aufmerksamkeit der Zuhörer weit weniger als ein rein verbaler Monolog.

Was ist das Ziel?

Zielklarheit ist die wesentliche Voraussetzung, um die Präsentation einer Idee fundiert vorbereiten zu können. Das Ziel sollte *in einem Satz* suggestiv formuliert werden. Um die Suggestivkraft zu erhöhen, „begleitet" das Ziel die gesamte Präsentation wie ein roter Faden.

Mit Argumenten und durch Emotionen begeistern

Was sollen die Mitarbeiter anschließend denken, fühlen, tun? – Die Mitarbeiter sollen von der Idee und dem Ziel, das ich präsentiere, begeistert sein und mit Engagement für dieses Ziel arbeiten. Deshalb muss ich sie begeistern – mit Argumenten und durch Emotionen. Über vergangene Erfolge zu sprechen weckt ein positives Wir-Gefühl und stärkt das Bewusstsein, Großartiges geleistet zu haben. Die Mitarbeiter sollen in dem Gefühl bestärkt werden, erfolgreich zu sein und noch erfolgreicher werden zu können. Deshalb sollten in den Präsentationsaufbau immer wieder die Erfolge der Vergangenheit einfließen, Mitarbeiter gelobt und ausgezeichnet werden für diese Leistungen. Die Anerkennung für vergangene Erfolge motiviert für zukünftige Leistung.

Aufbau einer Präsentation

Der Aufbau einer guten Präsentation ist vergleichbar mit einem Theaterstück. Im *ersten Akt* einer Inszenierung erfährt der Zuschauer die Zusammenhänge und Hintergründe. Aus der Gegenwart der Spielszene heraus wird er in die Vorgeschichte eingeweiht, die mit den späteren Ereignissen dramaturgisch verflochten ist. Im *zweiten Akt* folgt die eigentliche Handlung mit ihren dramaturgischen, tragischen oder komödiantischen Ereignissen. Aus der Vorgeschichte, der Vergangenheit wird gewissermaßen die Gegenwart geprägt und die Zukunft vorbereitet. Im *dritten Akt* schließlich kommt der Höhepunkt, die Schicksalsfrage, die die Botschaft der Inszenierung vermittelt: Tragödie oder Happyend. Eine Präsentation sollte bereits in der Vorbereitung wie ein Theaterstück in drei Akten dramaturgisch aufgebaut werden.

1. Akt: Von der Vergangenheit zur Gegenwart
Die Erfolge der Vergangenheit als Leistungen der Mitarbeiter darstellen, möglichst mit anschaulichem Bildmaterial (Bilanzen, Umsatzsteigerung, verdiente Mitarbeiter).

2. Akt: Von Altem zu Neuem
Ist-Zustand: Wo steht unser Unternehmen heute? Wo wollen wir hin? Wo kommen wir an, wenn wir nicht hingehen? Was erwartet uns, wenn wir einfach stehen bleiben. Auf lockere Weise vermitteln (evtl. durch Einblenden von kurzen Reden auf Video, mit Hilfe von Dias), dass Stillstand Rückschritt ist und Ziellosigkeit zu Miss-

erfolgen führt. „Vision“ des Soll-Zustandes: Wo soll unser Unternehmen in 5 (10) Jahren stehen?

3. Akt: Der Höhepunkt (Aktionsplan)
Was ist das Ziel (Zielklarheit!)? Wie sieht das Ideal aus? Wie erreichen wir das Ziel? Was kann jeder einzelne dafür tun? Bedenken und Gegenargumente vorwegnehmen und entkräften, Mitarbeiter loben, positiven Aktionsplan entwickeln: Wie erreichen wir mit unserem Fundament aus der Vergangenheit, mit unserem Potenzial und Know-how der Gegenwart (Mitarbeiter!) unser Ziel für die Zukunft? Optimistischer Höhepunkt: Gemeinsam schaffen wir es! Mit einem „zündenden“ Schlusssatz, dem emotional jeder zustimmen kann, stürmischen Beifall provozieren.

Tipps für die optimale Vorbereitung

Üben bis es „sitzt"

„Proben“ Sie Ihren Auftritt wiederholt, im besten Fall so lange, bis er „sitzt“. Auch ein Schauspieler muss seinen Text beherrschen. Lernen Sie Ihren Vortrag möglichst auswendig. Bereiten Sie sich so gut vor, dass Sie im Zweifelsfall während des Vortrages nur noch auf Ihre Notizen zurückgreifen müssen. Mit direktem Blickkontakt können Sie Ihre Zuhörer viel besser überzeugen, als wenn Sie immer auf Ihr Konzept schauen. Üben Sie vor dem Spiegel, damit Sie Ihre Mimik und Gestik überprüfen können. Wenn Sie mit sich selbst nicht zufrieden sind – üben Sie weiter, wie ein guter Schauspieler. Seien Sie von sich selbst überzeugt, bevor Sie andere überzeugen wollen. Wenn Sie nicht ganz sicher sind: Scheuen Sie sich nicht Familienmitglieder oder Freunde als „Kritiker“ zu Rate zu ziehen. Diese Menschen kennen Sie gut und wissen, wann Sie authentisch wirken und wann nicht.

Schreiben Sie sich für alle Fälle zwei Gedankenstützen: ein *Manuskript* mit der ganzen Rede (nur für den Notfall, falls Sie den Faden völlig verlieren sollten) und eine *Karteikarte* mit der Gliederung, den wichtigsten Stichpunkten und evtl. Zitaten. Falls Sie mit dem Humor Schwierigkeiten haben: Verzichten Sie lieber darauf, sich hierin zu versuchen. Lieber auf einen Gag verzichten als einen schlechten Witz oder einen guten Witz schlecht erzählen. Aber denken Sie bitte daran: Jeder Lacher, den Sie verursachen, ist ein Pluspunkt für Sie. Heiterkeit verursacht Zustimmung.

Die Präsentation – der emotionale Rahmen

Räumliche Gestaltung

Nicht nur auflockernde Folien oder Videosequenzen erhöhen den Unterhaltungs- und damit den Aufmerksamkeitsgrad, sondern auch die Umgebung, in der die Präsentation stattfindet.

Dekoration

Ist etwa der Bühnenaufbau, der Konferenzraum dekorativ und farblich „optimistisch" gestaltet (z. B. mit Hilfe von Licht, Bilder- oder Blumenarrangements), entsteht auch beim Zuhörer eine optimistische (= erwartungfreudige, positive) Grundstimmung.

Position des Redners

Wenn Sie Ihre Präsentation auf einer Bühne oder einem Podium vorstellen: Achten Sie darauf, dass weder rechts noch links vom Rednerpult Zuhörer platziert werden. Wenn Sie bei einer Präsentation auf gleicher Ebene mit den Zuhörern sind, stehen Sie aufrecht und an der Frontseite des Raumes und achten Sie darauf, dass alle anderen sitzen. Die unmittelbare Nähe anderer Personen auf gleicher Ebene schwächt die Autorität und damit die Bedeutung der Aussagen des Redners. Rücken Sie ein Rednerpult jedoch so nahe wie möglich an das Plenum heran, sonst springt der Funke zu Ihren Zuhörern nicht über.

Akustik Wenn Sie die Möglichkeit haben, stellen Sie ein kleines musikalisches Rahmenprogramm zusammen. Vor Ihrer Präsentation ein ruhiges, etwas getragenes Musikstück, zum Abschluss sollte die Musik dynamisch sein. Ruhige Musik entspannt und „öffnet" den Zuhörer, dynamische Musik verstärkt die Dynamik Ihres Vortrages und sorgt für eine längere Wirkung.

Mikrofonprobe Machen Sie vor Veranstaltungsbeginn unbedingt eine Mikrofonprobe. Prüfen Sie die Lautstärke, „kriechen" Sie dabei nicht in das Mikrofon hinein. Sie sollten in jedem Winkel des Saales gut verständlich sein, weder zu laut noch zu leise. Stellen Sie die Tonlage tief ein, viele Bässe, wenige Höhen. Das macht Ihre Stimme weich und angenehm. Oft sind die Hochtöne der Lautsprecher zu stark eingestellt, dadurch kann Ihre Stimme schnell zu schrill für Ihre Zuhörer wirken.

Ich wünsche Ihnen viel Erfolg bei Ihrer Präsentation!

Grundgesetze der Lebensentfaltung

1. Nur der Mensch hat die Kraft, bewusst zu denken, zu planen und zu gestalten. Nur er kann sich selbst und damit sein Schicksal und seine Zukunft gezielt beeinflussen.
2. Am Anfang jeder Tat steht die Idee. Nur was gedacht wurde, existiert.
3. Gedanken entwickeln sich im Unterbewusstsein, aus den Menschen selbst oder durch äußere Einflüsse.
4. Das Unterbewusstsein – die Baustelle des Lebens und der Arbeitsraum der Seele – hat die Tendenz, jeden Gedanken zu realisieren.
5. Aus dem kleinsten Gedankenfunken kann ein leuchtendes Feuer werden.
6. Was wachsen soll, braucht Nahrung. Die Nahrung der Gedanken ist die Konzentration.
7. Bewusste oder unbewusste Konzentration ist Verdichtung von Lebensenergie.
8. Im Streit zwischen Gefühl und Intellekt siegt immer das Gefühl.
9. Gefühle lenken und verstärken die Konzentration unbewusst, aber nachdrücklich.
10. Durch eine gezielte Entscheidung kann die Aufmerksamkeit auf jeden ausgewählten Punkt gelenkt werden.
11. Beachtung bringt Verstärkung. Nichtbeachtung bringt Befreiung.
12. Zustimmung aktiviert Kräfte. Ablehnung vernichtet Lebenskraft.
13. Die ständige Wiederholung einer Idee wird erst zum Glauben, dann zur Überzeugung – auch in negativer Hinsicht.
14. Glaube führt zur Tat. Konzentration führt zum Erfolg. Wiederholung führt zur Meisterschaft.

WAS DU DENKST, DAS WIRST DU.

Enkelmann Königstein
Institut für Rhetorik – Management – Karrieregestaltung
Altkönigstraße 38c, D-61462 Königstein/Ts.,
Tel. 0 61 74/39 80 und 93 03 83, Fax 0 61 74/2 43 79

Schlusswort

Liebe Leserin, lieber Leser, Sie sind den Weg bis hierher mit mir gegangen und ich hoffe, Sie haben viel Neues gelernt, haben erste Veränderungen bereits bemerkt und sind begeistert von Ihren Erfolgen. Wenn Sie mehr wollen, wenn Sie selbst hinter meinem gläsernen Podium stehen möchten, wenn Sie fühlen möchten, was es heißt, sich richtig darzustellen und gut sprechen zu können, dann freue ich mich darauf, Sie bei meinem Seminar - als Königin und König, für die man den roten Teppich auslegt – in Königstein begrüßen zu können. Kommen Sie, um ein Meister, eine Meisterin der Rhetorik zu werden.

PS: Ich möchte Sie daran erinnern, die Rede von Dr. Martin Luther King (Seite 22) noch einige Male laut zu lesen – mit Überzeugung und Begeisterung! Bemerken Sie den Unterschied?

Danksagung

Dieses Buch wäre ohne die Hilfe von *Birgit Rupprecht-Stroell* nicht möglich gewesen. Denn sie hat mein psychologisches Wissen und meine über dreißigjährigen Seminarerfahrungen verdichtet, das Wesentliche herausgefiltert und zu einem wirkungsvollen Lehrbuch gemacht.

Liebe Leserin, lieber Leser, aus meiner Erfahrung kann ich Ihnen garantieren, dass Sie, wenn Sie die empfohlenen Übungen praktizieren, die großen Ziele erreichen werden, die Sie sich gesetzt haben. Es liegt in Ihrer Hand.

Bedanken möchte ich mich auch bei meinem rhetorischen Vorbild, *Dr. Robert Schuller* (Garden Grove, Kalifornien). Dr. Robert Schuller ist der Beweis dafür, wie viel durch die Macht der positiven Sprache erreicht werden kann.

Gleichzeitig bedanke ich mich bei *Viktor E. Frankl*, dem Begründer der sinnzentrierten Logotherapie. Er hat erkannt und immer wieder darauf hingewiesen, wie wichtig es ist, seinem Leben Wert und Sinn zu geben.

Bedanken möchte ich mich bei allen, die unser Erfolgssystem anwenden, um die Welt vielleicht auch damit ein klein wenig besser zu machen.

Nikolaus B. Enkelmann

Literaturverzeichnis

Ebeling, Peter: *Das große Buch der Rhetorik.* Wiesbaden: F. Englisch Verlag, 1981

Enkelmann, Nikolaus B./Burkart, Christiane: *Erfolgsprinzipien der Optimisten.* Offenbach: Gabal, 1998

Enkelmann, Nikolaus B.: *Charisma.* Landsberg/L.: mvg, 1999

Enkelmann, Nikolaus B.: *Ein positiver Tag beginnt.* (Audio-Programm) Landsberg/L.: mvg, 1999

Enkelmann, Nikolaus B.: *Die Macht der Motivation.* Landsberg/L.: mvg, 1995

Enkelmann, Nikolaus B.: *Mit Freude erfolgreich sein.* Landsberg/L.: mvg, 1996

Enkelmann, Nikolaus B.: *Mit Freude leben.* Landsberg/L.: mvg, 1995

Enkelmann, Nikolaus B.: *Power der Verkaufsrhetorik.* Wiesbaden: Gabler, 1996

Krieger, Paul/Hantschel, Hans-Jürgen: *Handbuch Rhetorik.* Niedernhausen: Falken, 1998

Lemmermann, Heinz: *Lehrbuch der Rhetorik.* Landsberg/L.: mvg, 1997

Rückle, Horst: *Körpersprache für Manager.* Landsberg/L.: Verlag moderne industrie, 1998

Ruhleder, Rolf H.: *Verkaufen von A–Z.* Offenbach: Gabal, 1998

Rupprecht-Stroell, Birgit/Kaminski, Marion: *Fleißige Frauen arbeiten, kluge machen Karriere.* München: Langen Müller/Herbig, 1997

Ueding, Gert: *Klassische Rhetorik.* München: Beck'sche Reihe, 1995

Stichwortverzeichnis

Institut Enkelmann

Königstein/Taunu

Arbeit an sich selbst

Herrschaft über das Denken gibt Macht über Leib und Leben

Wir sollten lernen, durch unser Denken unser Unterbewußtsein zu beherrschen. Vielen Menschen ist diese Gedanke nicht nur neu, sondern auch fremd. Die vielen Mißerfolge und psychosomatischen Krankheite machen die Macht der Gedanken deutlich.

Negative Gedanken bringen: Mißerfolg – Ärger – Neid – Streit – Unbeliebtheit – Depression – usw.
Positive Gedanken bringen: Erfolg – Freude – Bewunderung – Anerkennung – Beliebtheit – Glück – usw.

)ie 3 Hauptseminare:

)er erfolgreiche Weg

ebensmut und Tatkraft
rkenntnis und Erfolgswissen
ntfaltung der Persönlichkeit

 sieben erlebnisreichen Tagen entecken Sie die Geheimnisse des lücks und des Erfolgs. Ihr Leben ird reicher.

Sie gewinnen: Eigene Wünsche bejahen und verwirklichen – unausgeschöpfte Potentiale des Gehirns nutzen – reicher durch richtigen Zeitgebrauch – innere Ruhe und Sicherheit – Überlegenheit durch Lebens- und Menschenkenntnis – Selbstkontrolle und Selbstbeherrschung – Unbeeinflußbarkeit – Selbstvertrauen – gutes Erinnerungsvermögen – gute Konzentrationsfähigkeit – Ideenreichtum und Intuition – klarer Blick für Tatsachen – Initiative – Tatkraft und Wagemut – wohlwollendes, gewinnendes Wesen – psychologisches Wissen für die Aufgaben der Organisation und rationelles Wirtschaften – Arbeitsfreude und seelische Spannkraft – größtmögliche Gesundheit der Nerven und des Körpers.
In diesem Seminar werden die neuesten Erkenntnisse der Medizin, der Psychologie, der Evolutionsforschung und anderer Wissenschaften vorgestellt und systematsich für die positive Lebensgestaltung nutzbar gemacht.

Ientales Training

lpha im Alltag, Tiefenentspannung, vollkommene Erholung

ammlung aller Kräfte
onzentration und Gelassenheit
u sich selbst finden
rei von Streß

s ist ein glückhaftes Erlebnis, wenn ach tiefer Entspannung sich die eign Kräfte in ungeahnter Weise neu ntfalten. Sie erlernen die Möglichit der Selbstentfaltung durch Konntration.

Sie finden: das Geheimnis der inneren Ruhe – die Harmonie des Alltags – Steigerung der Nervenkraft – Schöpferkraft des Unterbewußtseins – Beeinflussung der Schaltvorgänge im Unterbewußtsein – Macht der Gedanken – Lernen im Schlaf – Herrschaft über die Kraft des Geistes – Konzentrationsfähigkeit – Gelassenheit – Steigerung der Leistungsfähigkeit – Kreativitätssteigerung – Steigerung der Entschlußfähigkeit – Abbau der Überlastungsnervosität – effektivere Nutzung von Erholungspausen – Intensiveres Erleben – besseres Verhältnis zur Umwelt – bessere Kontaktfähigkeit – leichtere Problemlösung – leichteres Einschlafen.
Wenn Sie drei Tage in der ruhigen Atmosphäre bei Enkelmann in Königstein die Gesetze des Umgangs mit sich selbst erlernt haben, sind Sie in der Lage, ruhiger, freier und bewußter ihr Leben zu gestalten. Machen Sie sich frei von Furcht und Streß.

ƚhetorik Autorität

örpersprache

ei auftreten
berzeugend verhandeln
itreißend reden
egeisterung ausstrahlen

hetorik ist mehr, als reden können. hetorik ist das Wissen um die Wirng des ganzen Menschen – und ine konsequente Anwendung.

Stufe I
Dazu gehört: Einführung in die Rhetorik – Rhetorik als Mittel zur Persönlichkeitsentwicklung – die Rednerpersönlichkeit – Atemtechnik – Ausbildung der vollen Stimme – Sprachtechnik – Steigerung des Selbstbewußtseins – Steigerung der inneren Kraft – Autosuggestion – Abbau der Hemmungen – Verkaufspsychologie – Schwachstellenanalyse – Stegreifredeübungen – die Ausschöpfung der sprachlichen und rhetorischen Möglichkeiten, Menschen zu gewinnen und zu überzeugen – Erfolgsmeditation.
In Theorie und Praxis lernen Sie in drei Tagen, Ihr Wissen und ihre Persönlichkeit voll zur Wirkung zu bringen. Moderne technische Hilfsmittel, wie Fernsehaufzeichnungsgeräte, unterstützen die Selbstkontrolle. Dieses Seminar ebnet den Weg zum Erfolg für Sie und Ihre Mitarbeiter.

ENKELMANN KÖNIGSTEIN

ıstitut für Rhetorik , Management und Zukunftsgestaltung
ltkönigstr. 38c, Postfach 1180, D-61451 Königstein/Taunus, Tel. 0 61 74/39 80, Fax 0 61 74/2 43 79